성경적인 공예배에 관한 몇 가지 묵상

예배 중에 찾아오시는 우리 하나님

개혁신앙강해 5 | 찾아오시는 하나님 1
예배 중에 찾아오시는 우리 하나님

초판 1쇄 2019년 4월 15일
발 행 일 2019년 4월 30일
지 은 이 권기현 목사
펴 낸 이 장문영
펴 낸 곳 도서출판 R&F

등   록 제2011-03호(2011.02.18)
주   소 경북 경산시 하양읍 대학로 298길 20-9, 110동 2003호(하양롯데아파트)
연 락 처 054. 251. 8760/ 010. 4056. 6328
이 메 일 hangyulhome@hanmail.net
디 자 인 김진희, 박경은, 이은지

I S B N 978-89-966360-7-6
가   격 11,000원

이 도서의 국립중앙도서관 출판예정도서목록(CIP)은 서지정보유통지원시스템 홈페이지(http://seoji.
nl.go.kr)와 국가자료종합목록시스템(http://www.nl.go.kr/kolisnet)에서 이용하실 수 있습니다.
(CIP제어번호: CIP2019014295)

R&F (Reformed and Faith)는 종교개혁의 유산을 이어받아 개혁신앙을 바탕으로
이 땅의 교회가 바르고 건강하게 세워져 가기를 소망합니다.

성경적인 공예배에 관한 몇 가지 묵상

예배중에 찾아오시는 우리하나님

권기현 목사

RnF

목 차

| 계수기를 든 노동자

"째깍 째깍 째깍…."

계수기 소리입니다. 20대 후반, 700~800명가량 출석하는 교회의 부교역자로 있을 때의 일입니다. 부교역자인 저는 장로님들이 대표로 기도할 때마다 장의자 사이를 바삐 오가며 계수기로 참석자들의 수를 셌습니다. 다른 부교역자들도 마찬가지였습니다.

"권 전도사는 이쪽을 맡아. 난 저쪽을 맡을 테니."

부목사님 또는 강도사님의 지시에 따라, 행여나 발소리가 크게 날까

조심하면서도 빠른 걸음으로 움직였습니다. 갓 혼인한 제 아내가 어디에 앉아 예배하는지 확인할 마음의 여유조차 없었습니다.

'아마도 찬양대 어딘가에 있겠지.'

저는 위층에서 예배하도록 배정받았는데, 거기엔 모자실(母子室)도 있었습니다. 모자실 안에 스피커가 설치되어 있었지만, 떠드는 아이들의 목소리와 섞여 알아듣기 힘들었습니다. 모자실 안의 어머니들은 예배 참석에 의의를 둘 뿐이었습니다. 누구도 예배 순서, 특히 설교에 집중하지 않았습니다. 오히려 아이들끼리 서로 장난을 하는 모습을 바라보며 흐뭇해하는 분위기였습니다. 모자실 안의 소리가 간간이 바깥까지 들려 도저히 예배에 집중할 수가 없었습니다.

이렇게 몇 달이 지나자, 필자는 더 이상 예배자가 아니었습니다. 단지 예배 시간에 양복을 말끔히 차려입고 근무하는 일종의 행정 직원과 같았습니다. 설교 시간에 애써 집중하긴 했으나, 마음 깊이 와 닿지 않았습니다. 여느 주일처럼 기도시간에 저는 참석자들의 수를 세고 있었습니다. 그러다 그만 어느 한 자리에 멈춰 서고 말았습니다.

'나는 지금 예배자인가 아니면 노동자인가?'

그 순간, 엄청난 두려움에 휩싸였습니다. 적어도 지난 몇 달간, 저는 예배자가 아니라 노동자였습니다. 안식을 누리기는커녕 애굽에서 고역에 허덕이던 이스라엘과 다를 바 없다는 생각이 들었습니다. 정작 자신은 예배를 즐기지 못하면서 다른 이들에게는 그 시간에 풍성한 은혜를 누려야 한다고 강조해왔다니…. 너무나도 부끄러웠습니다. 하늘로부터 우레 같은 심판이 제 머리 위로 떨어질 것 같았습니다.

담임목사님을 찾아갔습니다. 예배자가 되고 싶다고 말씀을 드렸습니다. 만일 봉사가 꼭 필요하다면, 다른 방법으로 빈자리를 채우겠다고 말씀을 드렸습니다. 목사님께서 허락해주셨습니다. (사실은 목사님께서도 교역자들이 진정한 예배자가 되기를 원하는 분이셨습니다.)

| 예배자입니까?

(개척 중이라 거의 거절하는 편이지만) 간혹 다른 교회에 설교하러 갑니다. 예배 시간에 일하는 사람들이 생각보다 많습니다. 특히 강단 뒤의 큰 스크린에 설교자의 얼굴, 그리고 찬송가와 성경 구절까지 다 띄우려면 예배 중이라도 방송실 안의 사람들은 무척이나 바쁩니다. 처음 오시는 분들을 위해 안내를 담당하는 분들도 바쁘기는 마찬가지입니다. 주차 담당자들도 열심히 수고합니다. 교역자들도 예배 중에 계속 왔다 갔다 합니다.

공예배는 아니지만, 수련회 때도 마찬가지입니다. 교역자들과 교사들이 말씀을 집중하여 듣는 교회에서는 학생들도 그들을 닮아갑니다. 그러나 많은 경우, 경건회 시간에 가장 집중하지 못하는 사람들은 교역자들입니다. 왜 그렇게 바쁜지 모르겠습니다. 아니 바빠야 한다고 스스로 생각하는 것은 아닐까요? 대체로 그런 교회에서는 학생들도 듣는 태도가 좋지 않습니다.

잊지 말아야 할 중요한 질문이 있습니다. 자신이 정말 예배자인가 하는 질문입니다. 우리는 이 질문에 대답해야 합니다.

예배는 일종의 큰 잔치입니다. 이 잔치의 주인은 하나님 아버지이십니다. 그분의 아들 예수 그리스도는 이 잔치의 집례자이십니다. 동시에 그분 자신이 생명의 떡과 음료가 되십니다(요 6:35,48~58). 잔치에 참석하는 사람들은 그리스도의 인도로 그분을 먹고 마십니다. 우리의 영혼은 주리지도, 목마르지도 않게 됩니다. 아버지께서는 매주일 우리에게 아들을 먹여주십니다. 그러니 매주일의 예배 속에는 언제나 표적이 발생합니다(참고. 고전 1:21~24, 10:16~17). 사실 우리는 이 떡과 음료를 소화시킬 능력도 없습니다. 그러나 이 잔치에서 그리스도를 우리의 입에 넣어주시는 분은 성령님이십니다. 그분이 우리가 그리스도를 먹고 마시며 소화하도록 역사하십니다.

우리는 이 잔치에 참여할 자격조차 없는 자들이기도 합니다. 그러나 하나님의 값없는 은혜로 우리는 이 잔치의 귀빈이 되었습니다. 잔치의 주인은 귀빈에게 음식을 만들라고 하지 않습니다. 초대받은 사람들은 음식을 만들거나 나를 필요가 없습니다. 주인의 은혜에 감사하면서 먹고 마시며 즐거워하면 됩니다. 예배는 이런 것입니다. 예배자는 이런 사람입니다.

그러면 맛난 음식을 요리하고, 부지런히 나르는 사람들은 누구입니까? 주인의 종들입니다. 하나님께서는 종들을 시켜 요리하게 하십니다. 요리된 음식을 나르고 진열하게 하십니다. 귀빈들에게 이들의 봉사를 받게 하십니다. 이 종들은 교회의 직분자들입니다. 이 때문에 예배 시간에 일하는 사람들은 직분자들입니다. 목사는 영양가 있는 요리를 준비합니다. 이 요리의 재료는 성경이며, 이것으로 떡과 음료를 조리합니다. (다스리는) 장로는 이 잔치에 참석할 사람을 미리 정하고 살피는 종입니다. 집사는 이 잔치에 참석하기 어려운 사람을 독려합니다. 예배 시간에 정말 일해야 하는 사람들은 귀빈들이 아니라 종들입니다.

| 찾아오시는 하나님

주인이 큰 잔치를 배설하고는 손님들에게 얼굴도 비추지 않는다면 어떻겠습니까? 하늘에 계신 우리 아버지 하나님은 그런 무례한 주인이 아니십니다. 그분은 이 잔치에 참석한 귀빈들을 따뜻하게 맞아주십니다. 깊은 사랑으로, 그리고 열과 성을 다하여 우리를 대접하십니다. 왜냐하면 귀빈인 우리는 그분이 입양한 자녀들이기 때문입니다.

> "너희 중에 누가 아들이 떡을 달라 하면 돌을 주며[9] 생선을 달라 하면 뱀을 줄 사람이 있겠느냐[10] 너희가 악한 자라도 좋은 것으로 자식에게 줄 줄 알거든 하물며 하늘에 계신 너희 아버지께서 구하는 자에게 좋은 것으로 주시지 않겠느냐[11]"(마 7:9~11; 참고. 눅 11:11~13)

저는 예배 시간에 하나님께서 임재하신다고 귀에 못이 박히도록 들으며 자랐습니다. 그러나 점점 자라 정작 신학대학원에 들어가 교역자가 되자 그 사실을 잊어버렸습니다. 예배 시간에 성경 해석이 올바른지 아닌지에만 관심을 가졌습니다. (물론 이것도 중요하지만 말입니다.)

예배에 참석한 귀빈들이 흥겨운 분위기에만 정신이 팔려 정작 주인을 만나 인사할 생각도 하지 않는다면 잔치의 목적이 상실된 것입니다. 더구나 이 귀빈들이 주인의 입양된 자녀들이라면 더욱 그러합니다. 귀빈들은 주인이 잔치를 배설한 목적이 무엇인지 알아야 합니다.

이는 우리를 만나 인사하고 교제하기 위해서입니다. 서로 대화하고 한 상에 앉아 함께 먹고 마시며 즐거워하기 위해서입니다. 그래서 주인이 빠진 잔치는 상상할 수조차 없습니다.

그러나 오늘날 많은 분들은 예배를 마치 기념식처럼 생각합니다. 주일은 어느새 과거를 회상하며 의례적으로 지키는 기념식처럼 변모해 버렸습니다. 그러려면 차라리 1년에 한 번 모이는 것이 더 좋지 않겠습니까? 심지어 어떤 이들에게 예배는 그리 친하지 않은 지인의 결혼식에 축의금을 전달하고 얼굴 도장을 찍는 것보다도 못한 예식이 되어버렸습니다. 더 심각한 것은 하나님을 만나는 기쁨을 잃어버린 지 몇 년이 되었는데도, 불구하고 아무런 안타까운 감정조차 느끼지 못하는 사람들이 늘어나고 있다는 점입니다. 주인을 만나지도 못하고 우르르 와서 밥 한 끼 먹고 너도나도 서둘러 잔치 자리를 빠져나가는 것이 이상하지 않나요?

이 글을 읽는 여러분은 예배 시간에 정말 하나님께서 임재하신다고 생각하십니까? 만일 정말 그렇게 생각한다면 지각이나 결석을 생각할 수 있겠습니까? 예배 시간에 졸거나 잠에 흠뻑 빠지는 것을 생각할 수 있겠습니까? 오히려 한 주일 내내, 그리고 토요일이 되면 더욱 가슴이 설레어 기다리지 않겠습니까? 사모하는 마음으로 이 잔치 순서 하나하나에 집중하며, 주인의 목소리를 경청하지 않겠습니까?

주일이 세상의 그 어떤 명절보다 더 크고 가치 있는 잔치라고 생각하십니까? 아니면 세상 명절 – 이를테면 음력설, 추석과 같은 – 은 어쩌다가 한 번밖에 없고 주일은 매번 반복되니 한 번쯤은 빠져도 된다고 생각하십니까?

우리 하나님께서는 예배 시간에 정말 찾아오십니다. 우리는 찾아오시는 그분을 만나야 합니다.

| 냉소주의

잔치에서 주인을 만나기보다는 급히 와서 식사만 하고 가는 사람들보다 더 심각한 부류의 사람들이 있습니다. 바로 식사 자체에 관심이 없는 사람들입니다. 이런 사람들은 잔치의 즐거움보다, 주인을 만나 교제하기 원하는 마음보다도, 종들과 귀빈들의 잘못을 지적하기에 바쁩니다. 그들은 자신이 귀빈이 되기보다는 탐정이나 심사관이 되길 원합니다.

부끄러운 고백을 하나 하겠습니다. 제가 바로 그런 사람이었습니다. 하나님의 값없는 은혜에 말할 수 없는 감격에 젖어 있던 나날이 있었습니다. 잔치에 참석할 때마다 주인이신 아버지를 만났고 아들을 먹고 마셨습니다. 그러나 어느 순간부터인가 저는 냉소주의자로 변해가기 시작했습니다. 저는 더 이상 귀빈이 아니라 (어느 누구에게도 임명받은 적 없는 비공식) 설교 채점관이 되었습니다. 하나님의 종들의 허물을 들추기 바빴고, 잔치에 참석한 귀빈들이 즐기는 것을 시기했습니다. 종들을 불량식품 제조업자로 몰았습니다. 귀빈들을 불량식품 고객으로 판단했습니다. 그러면서도 정작 저 자신은 영양가 있는 음식을 먹으려는 시도조차 하지 않았습니다. 어느 순간부터 주인이신 아버지를 만나는 즐거움이 사라졌습니다. 아들을 먹고 마시려 하지 않았습니다. 이것이 절정에 달했을 때는 놀랍게도 제가 고려신학대학원 1학년에 입학하여 활발히 전도사로 봉사할 때였습니다.

그런데도 저는 당시 성도들, 특히 주일학교 교사들, 청년들, 중고등부 학생들에게 가장 인기 있고 유능하다는 소리를 듣는 교역자였습니다. 목청을 높여 개혁신앙을 강조하면서도 정작 저 자신은 잔치에서 하나님을 만나지 못했습니다.

신학대학원 1학년 2학기가 되었습니다. 경건회 시간에 당시 강사로 출강하시던 신득일 교수님께서 요나서 3장을 본문으로 말씀을 전하셨습니다. (너무나도 당연한 것이지만) 요나서는 이방인들이 아니라 회개하지 않는 이스라엘 백성들을 위해 기록되었다는 메시지를 들었습니다. 하나님을 모르는 이방인들도 요나의 선포를 듣고 금식하고 재 가운데 앉았는데, 선지자들의 음성을 지속적으로 듣고도 회개하지 않는 이스라엘이 받을 심판에 대한 신포를 들었습니다. 그들은 정말 하나님의 심판을 피할 길도, 변명할 말도 없습니다. 하늘에서 제게 벼락이 떨어졌습니다. 다른 사람들이 볼까 싶어 신학생들이 모두 빠져 나간 후, 강당에 남아 펑펑 울었습니다. 그때부터 그 학기가 끝날 때까지 항상 채플 시간이 끝난 후, 혼자 남아 기도했습니다. 신학생들이 잠자리에 든 매일 밤마다 엎드려 기도했습니다. 주님께서 저를 불쌍히 여겨주셨습니다.

그 이후 저도 잔치의 귀빈이 되었습니다. 아버지를 만났고 아들을 먹고 마셨으며 성령의 능력을 깊이 체험했습니다. 입술의 칼빈주의자가 아니라 진정한 개혁신앙인이 되었습니다. 지금도 저는 매주일 아버지를 만나고 아들을 먹고 마십니다. 성령 공동체의 일원으로 살아가고 있습니다.

| 무질서한 신비주의

지나친 음주가무로 인해 잔치를 아예 망쳐버리는 사람들이 있습니다. 혼자서 고래고래 고함을 지르며 노래를 부르는 사람이 있습니다. 싫다는 사람을 억지로 붙들고 춤을 추자고 하는 사람도 있습니다. 마시기 싫다는 사람에게 억지로 술을 권하는 사람도 있습니다. 당사자는 너무나도 즐거워합니다. 그러나 다른 귀빈들은 이런 사람들 때문에 잔치를 제대로 즐기지 못합니다. 이들은 주인에게나 귀빈들 양쪽 모두에게 너무나 큰 폐를 끼칩니다. 그들을 괴롭게 합니다. 잔치의 품격을 손상시킵니다.

냉소주의자들의 반대편에는 또 다른 부류의 사람들이 있습니다. 그들은 신비주의자들입니다. 이들 역시 예배에 참석할 때마다 감격을 누리기 때문에 잔치를 제대로 즐기는 사람들이라고 (자신도, 타인도) 착각하기 쉽습니다. 그러나 이들의 감격은 주인의 잔치와는 거리가 멉니다. 이들은 주인이 무엇을 원하는지, 어떤 목적으로 이 잔치를 배설했는지에 대해서는 깊은 관심이 없습니다. 단지 자신들이 이 잔치에서 얼마나 즐거움을 느끼는지가 중요할 뿐입니다.

이 때문에 예배라는 잔치에는 품위와 질서가 꼭 필요합니다(고전 14:40). 오늘날 예배 순서가 점점 무너지고 있습니다. 전통적인 예배 순서 자체를 고리타분하게 여기는 분들이 많습니다. 그분들은 자신을 만족시켜주는 예배 순서를 원합니다. 이뿐 아니라 예배의 내용도 점점 무너지고 있습니다. 목사의 설교는 날이 갈수록 선포보다는 부탁조로 바뀌고 있습니다.

"~하시기 바랍니다."

이 문장의 주어가 불분명합니다. 누가 바란다는 것입니까? 주인입니까? 아니면 목사 자신입니까? (목사 스스로는 잘 느끼지 못하겠지만) 사실 이 문장의 주어는 목사입니다. 목사가 자신이 원하는 것을 말하는 것이 설교입니까? 목사는 이 잔치를 배설한 주인의 목적과 뜻을 선명히 전해야 합니다. 당회는 여기에 부합하지 않고 잔치를 망치는 사람을 내쫓아야 합니다. 예복을 준비하지 않고 잔치에 참석한 자들은 쫓겨나야 마땅합니다(마 22:11~14). 잔치에는 품위와 질서가 필요하기 때문입니다.

꿈과 환상을 좇는 사람들만 신비주의자가 아닙니다. 자신의 즐거움을 위해 예배의 품격과 질서를 떨어뜨리는 자가 신비주의자입니다. 자신의 즐거움만 추구하고 주인의 뜻과 귀빈들의 즐거움을 무시하는 자가 신비주의자입니다. 은혜를 받았다고 하면서도 주인의 뜻이 담긴 성경 말씀과 잔치 순서 하나하나에 담긴 깊은 의미를 업신여기는 자가 신비주의자입니다.

진리와 사랑의 공동체를 이루는 잔치

예배에 담긴 뜻을 모르면 자신도 모르게 신비주의자가 됩니다. 예배 시간에 우리를 찾아오시는 하나님을 만나지 못하면 자신도 모르게 냉소주의자가 됩니다. 이 때문에 예배라는 잔치는 성경이라는 진리 위에서 질서 있게 진행되어야 합니다. 또한 자신뿐 아니라 귀빈들이 함께 어우러져 주인을 만나 교제하는 사랑의 원리가 지배해야 합니다.

그래서 저는 무엇보다도 이 기쁨을 로뎀장로교회 성도들과 함께 누리고 싶습니다. 이들이 이 잔치에 참석하는 귀빈들이기에 이 책을 쓸 수 있었습니다. 또한 저는 로뎀장로교회와 발맞추어 이 길을 걷고 있는 샘터교회 성도들과 함께 이 기쁨을 누리고 싶습니다. 로뎀장로교회는 샘터교회의 헌신과 기도로 설립되었고 함께 자라가고 있습니다. 그런 의미에서 로뎀장로교회는 샘터교회의 열매입니다. 우리 두 교회가 걷는 이 길에 또 다른 동역자들과 교회가 함께 걷기를 소망하며 기도합니다.

우리 두 교회가 결코 잊지 말아야 할 것은 주인의 목적과 뜻과 즐거움입니다. 우리는 땅에 발을 딛고 살아가지만, 언제나 하늘의 잔치에 참석하고 있습니다(참고. 창 28:12,17; 요 1:50~51; 엡 1:10, 2:6). 그렇기에 매주일 땅 위에서 배설되는 이 잔치 속에 하늘이 아로새겨지고 있습니다. 우리 두 교회는 주인에게 인사하고 감사하며 그분께 헌신합니다.

이 책 본론에 실린 글은 고신언론사 『월간고신 생명나무』에 연재한 원고를 수정한 것입니다. 목회를 하면서 글을 쓰는 것이 쉽지는 않지만, 고신언론사의 원고 마감일이 있었기에 가능했습니다. 한 번도 짜증을 내지 않고 매번 저를 격려하며 기다려준 박진필 부장님께 감사의 마음을 전합니다. 그때의 원고가 있었기에 저의 무지와 지면의 한계로 인한 약점을 조금이나마 보완하고 수정할 수 있었습니다.

하나님께서 황창기 교수님을 통해 주신 은혜를 한평생 잊지 못할 것입니다. 교수님을 만나지 않은 저의 모습을 상상할 수 없습니다. 1987년 대학교 2학년 여름, 전국 SFC 대학생대회에서 누가복음 17:20~21을 본문으로 들었던 설교는 제 인생의 전환점이 되었습니다. 예수님께서 성경의 중심이자 주제이심을 가슴으로 고백하게 되었습니다. 1997

년부터 시작된 신학 석사 과정 중 교수님께서 가르쳐주신 성경 말씀과 소개해주신 신학 서적들은 저의 영혼을 수술했습니다. 교수님께서 몸소 보여주신 경건의 본과 헌신의 자세는 제 목회의 모토가 되었습니다. 신학 수업 외에도 교수님과 함께 성경 말씀으로 대화하고 기도하면서 성도의 교제가 무엇인지 깊이 깨닫게 되었습니다.

마지막으로, 혼인한 이후 한 번도 불평하지 않고 날마다 커피를 타준 사랑하는 아내 구은옥 성도에게 감사의 마음을 전합니다. 커피는 제가 목회와 글쓰기라는 과중한 일정 가운데 아내의 사랑을 만끽하는 하나의 도구였습니다. 만일 제가 죽기 전에 예수님께서 재림하신다면, 그 날이 제가 아내를 가장 사랑하는 날이 될 것입니다. 예수님께서 재림하시기 전에 제 육신이 먼저 무덤 속으로 들어가고 제 영혼이 하나님의 품에 안긴다면, 바로 그 날이 제가 아내를 가장 사랑하는 날이 될 것입니다. 사탄은 예배의 감흥을 떨어뜨리고, 부부의 사랑이 식도록 온갖 노력을 다합니다. 그러나 잔치를 하면 할수록 교제와 연합의 즐거움이 식지 않고 점점 더 커져야 하지 않겠습니까? 예배가 그러하듯, 혼인도 그러합니다(참고. 엡 5:22~33). 교회는 주일에 남편이신 예수님과 연합함으로 이 잔치를 맛보고, 저는 아내와 연합함으로 이 잔치를 이어가기 때문입니다.

커피

커피 한 잔의 향기에 취해
차가워진 그대 손을 보지 못했습니다

그대 손이 차가워진 그만큼
커피가 데워졌나요?
그대 한숨이 깊어진 그만큼
커피 향이 거실을 가득 채웠나요?
오늘만큼은
커피를 식혀두고
그대 손을 호오 불어주고 싶으오
오늘만큼은
커피 향이 느슨해지도록
그대 손에 입 맞추고 싶으오

내일은
나의 따스한 가슴에
그대를 안아주고 싶으오
내일은
그대의 향기에 취해
뜨거운 커피를 마시고 싶으오

우리 늘그막엔
거실 가득한 서로의 향기에 취해
함께 따스한 커피를 마시려오
차라리
미지근한 커피일망정
우리 사랑으로 거실을 채우려오

이 책에서 다루는 주제는 예배, 특히 주일 공예배입니다. 대교리문답과 소교리문답은 '사람의 첫째 되는 목적'에 대한 질문으로 시작합니다. 그 대답은 ①하나님을 영화롭게 하고, ②그분을 영원토록 즐거워하는 것입니다. 이를 좀 더 요약하면, '하나님을 송영(頌詠)하는 인간'입니다. 그리스도인의 모든 삶 속에서도 그러해야 하지만, 이것이 가장 환하게 빛나는 순간은 매주일의 공예배입니다.

하나님께서는 친히 계시를 통해 예배하는 법을 가르쳐주셨습니다. 우리는 하나님께서 계시하신 대로 예배해야 합니다. 그것이 성경에 기록되어 있습니다. 그러나 아이러니하게도, 예배하기 원하는 분은 많지만 성경적인 예배가 무엇인지 잘 알고 있는 분은 적습니다. 이는 큰 문제입니다. 이스라엘 백성들도 자주 그랬습니다. 그들은 자신들을 애굽의 종살이에서 건져주신 여호와 하나님께 예배하기 원했습니다. 그러나 하나님께서 계시하신 대로 예배하지 않았습니다. 그 결과, 금송아지를 만들어 그 앞에 예배했으며 하나님을 격노케 했습니다. 그들은 하나님을 영화롭게 하지 못하고, 그분을 즐거워하지도 못하는 백성이 되었습니다. 우리가 성경에서 예배를 배워야 할 이유가 여기에 있습니다. 하나님께서 계시하시는 대로 예배해야 하나님께서 기뻐하시고, 또 예배 중에 오셔서 우리와 만나주시기 때문입니다. 그리고 그분과의 깊은 연합과 교제를 통해, 우리는 정말 그분을 송영(頌詠)하는 인간이 되기 때문입니다.

제1장

언약과 예배

"또 모세에게 이르시되 너는 아론과 나답과 아비후와 이스라엘 장로 칠십 인과 함께 여호와에게로 올라와 멀리서 경배하고₁ 너 모세만 여호와에게 가까이 나아오고 그들은 가까이 나아오지 말며 백성은 너와 함께 올라오지 말찌니라₂ 모세가 와서 여호와의 모든 말씀과 그 모든 율례를 백성에게 고하매 그들이 한소리로 응답하여 가로되 여호와의 명하신 모든 말씀을 우리가 준행하리이다₃ 모세가 여호와의 모든 말씀을 기록하고 이른 아침에 일어나 산 아래 단을 쌓고 이스라엘 십이 지파대로 열두 기둥을 세우고₄ 이스라엘 자손의 청년들을 보내어 번제와 소로 화목제를 여호와께 드리게 하고₅ 모세가 피를 취하여 반은 여러 양푼에 담고 반은 단에 뿌리고₆ 언약서를 가져 백성에게 낭독하여 들리매 그들이 가로되 여호와의 모든 말씀을 우리가 준행하리이다₇ 모세가 그 피를 취하여 백성에게 뿌려 가로되 이는 여호와께서 이 모든 말씀에 대하여 너희와 세우신 언약의 피니라₈"(출 24:1~8)

"이러므로 우리가 예수로 말미암아 항상 찬미의 제사를 하나님께 드리자 이는 그 이름을 증거하는 입술의 열매니라"(히 13:15)

| 예배의 홍수

오늘날 우리는 예배의 홍수 속에 살고 있습니다. 어른예배(대예배), 어린이예배, 학생예배, 청년회예배, 각 기관별 헌신예배, 찬양예배, 수요예배, 새벽예배, 구역예배, 철야(심야)예배, 가정예배, 선교원예배, 병원예배, 개업예배, 돌잔치예배, 환갑예배, 장례예배(입관예배, 발인예배, 하관예배) 등 그 종류만 해도 이루 헤아릴 수 없을 정도입니다. 예배라는 이름이 너무 많아서 그런지 예배에 대해 경중을 따져 취사선택하여 참석하기도 합니다. 예를 들면, 어른예배(대예배)는 참석하고 다른 예배는 결석하는 식으로 말입니다.

| 공예배 Public Service

그러나 성경은 예배를 이런 식으로 설명하지 않습니다. **성경은 예배를**

일종의 언약식 또는 언약 갱신의 현장으로 가르칩니다. 사실 그리스도인은 언제나 자신의 몸을 하나님께 예배로 드려야 합니다. 그의 전(全) 삶이 하나님께 예배하는 삶이어야 하기 때문입니다(롬 12:1). 그러나 동시에 매주 한 날(주일) 정해진 시간에 지역 교회의 모든 회원이 모여 그분께 예배합니다.

> "모이기를 폐하는 어떤 사람들의 습관과 같이 하지 말고 오직 권하여 그 날이 가까움을 볼수록 더욱 그리하자"(히 10:25)

> "이 예언의 말씀을 읽는[1] 자와 듣는 자들과 그 가운데 기록한 것을 지키는 자들이 복이 있나니 때가 가까움이라"(계 1:3)

우리는 이를 '공예배Public Service'라 부릅니다. 이런 이유로 인해, 일반적으로 전(全) 세계의 정통신앙을 가진 교회들은 일반적으로 공예배 Public Service를 기타 모임meetings과 그 용어에서부터 구분하여 사용합니다. 예를 들어 대한예수교장로회(고신) 헌법은 다음과 같이 규정합니다.

> "제28조(기도회의 의의)
> 설교와 성례, 기도와 찬송, 헌금으로 진행되는 주일 공예배(주일 오전, 오

---

1) 여기서 "읽는"에 해당하는 헬라어 단어 "ἀναγινώσκω(아나기노스코)"는 '(공적 석상에서 큰 소리로) 봉독하다(read aloud in public)'는 뜻입니다. 이 본문은 한 사람의 성경 봉독자(참고. 딤전 4:14)와 그 말씀을 듣고 지키는 다수의 사람들이 회집한 예배 모임을 가리킵니다. 한글개역성경은 이 본문에서 단수("읽는 자")와 복수("듣는 자들", "지키는 자들")가 구별되도록 번역했습니다. 이에 반해 한글개역개정성경은 단수와 복수의 구별이 되지 않게 번역했습니다("읽는 자", "듣는 자", "지키는 자").

| 구원: 어디로부터 → 누구를 향해

다음은 필자가 유년주일학교 시절, 자주 불렀던 복음송입니다.

"나는 구원 열차 올라타고서 하늘나라 가지요.
죄악 역 벗어나 달려가다가 다시 내리지 않죠.
차표 필요 없어요. 주님 차장되시니 나는 염려 없어요.
나는 구원 열차 올라타고서 하늘나라 가지요."

이 노래 가사는 그리스도인이 지옥에 가지 않는다는 메시지에 초점
을 맞추고 있습니다. 물론 그 말은 맞습니다. 성경은 분명 그리스도인
이 **어디로부터 구원**을 얻었는지 가르칩니다(죄와 사망으로부터 구원, 마
1:21; 요 5:24; 엡 2:1 등).

그렇다 하더라도 구원은 단순히 지옥에 가지 않는 것, 단지 천국에
들어가는 입장권을 획득하는 정도가 아닙니다. 그것은 단지 출발점일
뿐입니다. 성경은 그리스도인이 **무엇을 향해, 그리고 누구를 향해 구
원**을 얻었는지에 대해서도 가르칩니다.

"오직 너희는 택하신 족속이요 왕 같은 제사장들이요 거룩한 나라요 그
의 소유된 백성이니 이는 너희를 어두운 데서 불러 내어 그의 기이한 빛
에 들어가게 하신 자의 아름다운 덕을 선전하게 하려 하심이라"(벧전
2:9; 참고. 출 19:5~6)

하나님께서는 그리스도인들이 제각각 알아서 살도록 내버려두지 않으셨습니다. 그들을 한데 모아 그분의 특별한 소유, 그분의 제사장 나라로 삼으셨습니다. 이를 다른 말로 표현하자면, **하나님께서는 교회를 예배하는 백성으로 세우셨습니다.** 그리고 **우리 주 예수 그리스도**는 천국 입장권을 검표하는 차장이 아니라 **이 제사장 나라의 예배를 인도하는 대제사장**이십니다.

> "그러므로 함께 하늘의 부르심을 입은 거룩한 형제들아 우리의 믿는 도리의 사도시며 **대제사장이신 예수**를 깊이 생각하라"(히 3:1; 참고. 히 2:17, 4:14~15, 5:5~10, 6:19~20, 7:24~28, 8:1, 9:11~12,24~26, 13:11~12)

> "이러므로 우리가 **예수로 말미암아 항상 찬미의 제사를 하나님께 드리자** 이는 그 이름을 증거하는 입술의 열매니라"(히 13:15)

| 예배하는 백성으로 부르심

앞서 사도 베드로가 신약 교회를 제사장 나라라고 교훈하기 위해 인용한 본문은 출애굽기입니다. 즉, 베드로전서 2:9의 배경은 바로 이스라엘의 출애굽 사건입니다.

> "세계가 다 내게 속하였나니 너희가 내 말을 잘 듣고 내 언약을 지키면 너희는 열국 중에서 내 소유가 되겠고5 너희가 내게 대하여 제사장 나라가 되며 거룩한 백성이 되리라 너는 이 말을 이스라엘 자손에게 고할찌니라6"(출 19:5~6; 참고. 벧전 2:9)

사실 애굽에서의 구원은 출애굽기 전체의 내용이 아닙니다. 출애굽기 전체에서 1/3 정도에 해당합니다. 출애굽기의 내용plot은 다음의 표 1과 같이 진행됩니다.

장	내용	주제
1~18장	애굽에서 시내 산으로	구원받은 교회
19~24장	시내 산 언약	제사장 나라가 된 교회
25~40장	성막 건축	예배하는 교회

이러한 진행 가운데 놀라운 반전이 나타납니다. 이를 다음의 표 2로 요약할 수 있습니다.

	어디로부터	누구/무엇을 향해
장소	애굽 땅 종 되었던 집	여호와의 산(시내 산)
주인	바로와 애굽의 신들	여호와
신분	고역에 시달리는 노예/종(slaves)	자유인이 된 섬기는 종(servants)
건축	바로의 집 건축 (애굽의 국고성 비돔과 라암셋)	여호와의 집 건축(성막)
노동	압제하의 고역(labour)	자원하여 재능대로 봉사(service)
휴식	없음	안식일(예배의 날)
보상	없음	현재: 애굽의 귀금속 미래: 가나안 땅 최종: 하나님 자신
봉헌	없음	성막 건축을 위해 기쁨으로 드림

이상의 내용은 출애굽기가 '유월절 어린양의 대속으로 구원받은 백성'에서 '예배하는 공동체'를 향하고 있음을 잘 보여줍니다. 하나님께서는 이스라엘 백성들에게 "이제 자유인이 되었으니 제각각 알아서 살아라!"고 하지 않으셨습니다. 그들을 여호와의 산(시내 산)으로 불러 예배

하는 공동체로 우뚝 세우셨습니다. 이 놀라운 분기점이 된 사건이 바로 여호와 하나님께서 시내 산에서 이스라엘과 맺은 언약식입니다.

| 언약과 예배

출애굽기 19~24장을 가리켜 '언약의 책'이라 부릅니다. 사실 성경 전체가 언약의 책(옛 언약과 새 언약)입니다. 그러나 출애굽기 19~24장을 그렇게 부르는 이유는 특히 이 본문이 하나님께서 이스라엘과 언약을 체결하신 내용을 담고 있기 때문입니다. 그 중에서도 24장 전체는 언약식의 장면을 마치 그림을 그리듯 생생한 표현으로 묘사합니다. 출애굽기 24장 전체, 그중에서도 특히 1~8절을 읽어봅시다.

"또 모세에게 이르시되 너는 아론과 나답과 아비후와 이스라엘 장로 칠십 인과 함께 여호와에게로 올라와 멀리서 경배하고1 너 모세만 여호와에게 가까이 나아오고 그들은 가까이 나아오지 말며 백성은 너와 함께 올라오지 말찌니라2 모세가 와서 여호와의 모든 말씀과 그 모든 율례를 백성에게 고하매 그들이 한소리로 응답하여 가로되 여호와의 명하신 모든 말씀을 우리가 준행하리이다3 모세가 여호와의 모든 말씀을 기록하고 이른 아침에 일어나 산 아래 단을 쌓고 이스라엘 십이 지파대로 열두 기둥을 세우고4 이스라엘 자손의 청년들을 보내어 번제와 소로 화목제를 여호와께 드리게 하고5 모세가 피를 취하여 반은 여러 양푼에 담고 반은 단에 뿌리고6 언약서를 가져 백성에게 낭독하여 들리매 그들이 가로되 여호와의 모든 말씀을 우리가 준행하리이다7 모세가 그 피를 취하여 백성에게 뿌려 가로되 이는 여호와께서 이 모든 말씀에 대하여 너희와 세우신 언약의 피니라8"(출 24:1~8)

이상의 내용을 보면, 이 언약식에는 여러 종류의 등장인물들이 나타납니다. 이를 네 가지로 분류할 수 있습니다.

1. 언약의 양쪽 당사자: 예배 참석자

시내 산에서 체결된 이 언약식에는 양쪽 당사자가 등장합니다. **한쪽은 여호와 하나님**이십니다. **다른 한쪽은** (공동체로서의) **이스라엘**입니다. 이 양쪽 당사자는 서약을 하고 언약을 맺습니다. 하나님께서는 이스라엘을 제사장 나라, 거룩한 백성, 그분의 소유된 백성으로 삼으십니다.

> "세계가 다 내게 속하였나니 너희가 내 말을 잘 듣고 내 언약을 지키면 너희는 열국 중에서 내 소유가 되겠고5 너희가 내게 대하여 제사장 나라가 되며 거룩한 백성이 되리라 너는 이 말을 이스라엘 자손에게 고할찌니라6"(출 19:5~6)

이스라엘은 오직 여호와만을 섬기고, 그분의 말씀에 순종하기로 서약합니다. 이를 통해 그들은 예배하는 공동체로 탄생합니다.

교회는 유월절 어린양이신 예수 그리스도의 대속으로 인해 흑암의 나라로부터 구원받은 새 이스라엘입니다(고전 5:7; 골 1:13~14; 벧전 1:18~19). 그리스도인들은 제각각 자기가 알아서 살도록 구원받지 않았습니다. 교회를 이루어 예배하는 공동체가 되도록 부르심을 받았습니다. 매주일 예배에 구원받은 백성들만 참석한다고 생각하십니까? 천만에요. 하나님께서 친히 우리의 예배 가운데 임재하십니다. 예배는 단순히 과거를 기념하기만 하는 어떤 의전행사ceremony 정도가 아닙니다. 하나님께서 우리와 만나시는 현장입니다.

아, 그러나 우리는 예배 시간마다 "하나님 아버지, 우리와 만나주시옵소서!"라고 기도하면서도 정작 그것을 믿지 않을 때가 많습니다. 예배 시간이 하나님과 만나는 시간이라고 입으로는 말하면서도 실제로 그렇게 생각하지 않을 때가 많습니다. 하나님께서 임재하시는 현장이라고 생각한다면, 예배 시간에 과연 꾸벅꾸벅 졸 수 있을까요? 아니 오히려 그 전날부터 가슴이 두근거리며 기다리지 않을까요?

예배가 단지 우리만 참석하는 모임이라면…. 하나님께서 임재하지 않는 모임이라면…. 그리스도인들이야말로 참으로 슬프고 불행한 사람들입니다. 그들은 언약의 상대를 만나지 못한 채 돌아가기 때문입니다. 그분이 화답하지 않으시는데도 그분의 이름을 부르며 예배를 시작하기 때문입니다. 그분이 듣지 않으시는데도 허공을 향해 찬송하고 기도하기 때문입니다. 그분이 말씀하지 않으시는데도 설교를 듣기 때문입니다. 그분이 참석하지 않으시는데도 성찬의 식탁에서 먹고 마시기 때문입니다. 그분이 돌보지 않으시는데도 우리의 물질을 드리기 때문입니다. 그분이 복 주지 않으시는데도 예배의 마지막에 목사가 든 두 손을 바라보면서 "아멘!"이라고 외치기 때문입니다.

그러나 우리 하나님은 예배 중에 정말 우리를 찾아오십니다. 우리가 예배를 시작하면서 하나님을 부르면Votum 축복의 인사Salutation로 화답하십니다. 그분을 찬양하면 듣고 기뻐하십니다. 시내 산에서와 마찬가지로, 아니 모든 율법을 성취하신 그분의 독생자 예수 그리스도 안에서 그때보다 더욱 분명한 음성으로 언약의 율법을 봉독하십니다(참고. 히 12:18~29). 우리의 죄를 고백하면 용서해주십니다. 그분의 말씀이자 그리스도의 복음인 성경을 읽어주십니다. 해석해주십니다. 적용해주십니다. 하나님 아버지께서 예수 그리스도를 그 내용으로 하는 복음을 성령으로 말씀하십니다.

세례 받는 자를 새 이스라엘인 교회 안으로 받아들이십니다. 성찬의 식탁으로 찾아오십니다. 하나님 아버지의 독생자이자 하나님이신 예수 그리스도의 몸과 피를 한량없이 베풀어주십니다. 그래서 우리를 배불리고 해갈시키십니다. 우리에게 맡기신 물질과 봉사를 받으시며, 가난하고 슬픈 자들을 돌보십니다. 그분의 왕국과 의를 위한 모든 기도에 응답하십니다(참고. 마 6:33). 그리고 마지막으로 우리가 드리는 송영doxology을 받으시며, 강복선언Benediction을 통해 우리에게 이 복음을 주어 다시 세상으로 보내십니다.

그분은 예배 중에 찾아오시는 하나님이십니다. 시내 산에서만, 이스라엘에게만이 아니라 지금도 오시는 하나님이시기 때문입니다. 우리와 맺은 언약의 신실한 당사자이시기 때문입니다.

2. 언약의 중보자: 예배 집례자

그런데 이 시내 산 언약식에는 하나님과 이스라엘이라는 이 언약의 양쪽 당사자를 이어주는 중보자가 있었습니다. 모세입니다. 하나님께서는 모세를 통해 말씀하시고, 이스라엘은 모세를 통해 하나님께로 나아갑니다. 중보자 없이는 하나님과 이스라엘의 만남도, 언약식도 불가능했습니다. 교회는 중보자 없이 하나님과 만나지 못합니다.

하나님께서는 모세보다 더 크고 더 좋은 중보자를 우리에게 보내주셨습니다. 그분은 바로 우리 주 예수 그리스도이십니다. 사실 모세는 장차 오실 중보자 예수 그리스도의 그림자였을 뿐입니다.

"그러므로 함께 하늘의 부르심을 입은 거룩한 형제들아 우리의 믿는 도리의 사도시며 대제사장이신 예수를 깊이 생각하라₁ **저가 자기를 세우신 이에게 충성하시기를 모세가 하나님의 온 집에서 한 것과 같으니₂** 저는 모세보다 더욱 영광을 받을 만한 것이 마치 집 지은 자가 그 집보다 더욱 존귀함 같으니라₃ 집마다 지은 이가 있으니 만물을 지으신 이는 하나님이시라₄ 또한 **모세는** 장래의 말할 것을 증거하기 위하여 **하나님의(필자 주: 그의, his) 온 집에서 사환으로 충성하였고₅** 그리스도는 그의his 집 맡은 아들로 충성하였으니 우리가 소망의 담대함과 자랑을 끝까지 견고히 잡으면 그의 집이라₆"(히 3:1~6)²

더 나아가 예수 그리스도 그분만이 유일무이한 참 중보자이십니다.

"하나님은 한 분이시요 또 하나님과 사람 사이에 중보도 한 분이시니 곧 사람이신 그리스도 예수라"(딤전 2:5)

하나님 아버지께서는 오직 한 분, 그분의 독생자 예수 그리스도를 통해 우리를 찾아오십니다. 그리고 우리 역시 오직 예수 그리스도를 통해서만 하나님 아버지께로 나아갑니다.

"예수께서 가라사대 내가 곧 길이요 진리요 생명이니 나로 말미암지 않고는 아버지께로 올 자가 없느니라"(요 14:6)

---

2) 이 본문에서 모세와 예수님은 서로 병행하는 동시에 후자가 전자보다 더 크고 종말론적 의미를 지닙니다. 모세가 자기(his, 한글개역성경에는 2절과 5절에서 "하나님의"로 번역됨) 집에서 그 맡은 직무에 신실했던 것과 마찬가지로, 예수 그리스도 역시 자기 집에서 그 맡으신 직무에 신실하십니다. 그러나 모세는 사환[θεράπων(쉐라폰), servant]인데 반해, 예수 그리스도께서는 그 집의 아들[υἱός(휘오스), Son]이십니다.

매 주일의 예배를 집례하시는 분은 우리 주 예수 그리스도십니다. 그분이야말로 하늘과 땅을 통일하신 참 사닥다리십니다(요 1:51). 그분 안에서 하늘과 땅이 통일되었기 때문입니다(엡 1:10). 교회의 머리이신 그분이 승천하여 하나님 보좌 우편에 앉으셨기 때문에 우리를 하늘과 연결하여 하늘에 앉게 하셨습니다(엡 2:6)[3]. 하늘까지 높아지신 그분이 아버지께로부터 성령을 받아 몸 된 교회와 모든 그리스도인에게 부어주셨기 때문에(행 2:33) 하늘은 언제나 이 땅 위의 교회에게로 내려옵니다. 하나님과 교회를 이어주시는 중보자, 우리 주 예수 그리스도 없이는 예배 자체가 불가능합니다. 그분 때문에 (그리고 그분이 부어주신 성령으로 인해) 우리는 하늘로 올라가고, 하늘은 우리에게로 내려옵니다.

아, 그러나 우리는 너무나도 자주 예수 그리스도께서 우리의 예배 인도자/집례자라는 사실을 잊어버립니다. 교회는 단지 인간들의 모임이며, 예배 시간을 단지 개인이 하나님을 한 번 더 생각하는 시간이라고 생각합니다. 예수님의 은혜를 잊어버릴까 싶어 기억하듯이 말입니다. 이런 예배는 마치 죽은 자를 기리는 추도식과 같습니다.

그러나 우리 주 예수 그리스도는 살아계신 하나님이십니다. 어제나 오늘이나 영원토록 동일하신 우리 주님이십니다(히 13:8). 살아서 다스리시고 풍성한 은혜를 베푸시는 구원자이십니다. 지금도 아버지 우편에서 우리를 위하여 기도하시는 영원한 중보자이십니다(롬 8:34). 그분은 모세보다 뛰어난 선지자이십니다. 다윗보다 뛰어난 왕이십니다. 아론보다 뛰어난 대제사장이십니다. 그분이야말로 영원히 살아계신 중보자이십니다. 그분은 단지 33년만 일한 후에 하늘에서 휴식을 취하시는

---

3) 엡 2:6의 "하늘에 앉히시니"에서 "앉히시니"를 직역하면 "앉히셨으니"(부정과거)입니다.

게으름뱅이가 아니십니다. 지금도 중보자로서 부지런히 일하고 계십니다. 그분은 우리의 예배 집례자이십니다. 성령으로 우리의 예배를 집례하시고, 인도하고 계십니다.

3. 언약의 확증과 갱신: 대속의 복음이 지배하는 예배

언약의 중보자인 모세는 짐승의 피를 양푼에 담아 절반은 제단 즉 하나님 편에, 나머지 절반은 이스라엘 백성 편에 뿌리면서 외쳤습니다.

"모세가 피를 취하여 반은 여러 양푼에 담고 반은 단에 뿌리고6 언약서를 가져 백성에게 낭독하여 들리매 그들이 가로되 여호와의 모든 말씀을 우리가 준행하리이다7 모세가 그 피를 취하여 백성에게 뿌려 가로되 이는 여호와께서 이 모든 말씀에 대하여 너희와 세우신 언약의 피니라8"(출 24:6~8)

짐승의 피가 거룩하신 하나님과 죄인인 이스라엘 사이를 화목케 했습니다. 피 흘림이 없이는 죄 사함이 없기 때문입니다.

"율법을 좇아 거의 모든 물건이 피로써 정결케 되나니 피 흘림이 없은즉 사함이 없느니라"(히 9:22)

그러나 사실 짐승의 피가 어떻게 인간의 죄를 대신할 수 있겠습니까?

"이는 황소와 염소의 피가 능히 죄를 없이 하지 못함이라"(히 10:4)

사실 이 짐승의 피는 장차 오실 예수 그리스도에 대한 그림자입니다.

예수 그리스도께서 죄인인 우리가 거룩하신 하나님과 만나는 길을 여셨습니다. 그분의 대속의 희생이 하나님과 원수인 우리를 그분과 화목한 관계로 변화시켰습니다(롬 5:10). **그러므로 이제 우리는 짐승의 피 대신, 흠 없고 점 없는 어린양 같은 예수 그리스도의 보배로운 피에 의지하여 예배합니다**(히 10:19~20; 벧전 1:18~19). 그분이 단번에once-for-all 피 흘리셨기 때문에 이제 우리는 두 번 다시 피 흘리는 희생제사로 예배하지 않습니다(롬 6:10; 히 7:27, 9:12, 10:10). 그 대신 그분의 은혜에 감사하는 '찬미의 제사'를 드립니다.

> "이러므로 우리가 예수로 말미암아 항상 찬미의 제사를 하나님께 드리자
> 이는 그 이름을 증거하는 입술의 열매니라"(히 13:15)

그러나 잊지 말아야 할 것이 있습니다. 예배는 언약의 갱신이라는 사실입니다. 예수 그리스도께서 단번에 피 흘리셨기 때문에 이제 더 이상 피를 흘리는 제사가 없지만, 하나님께서는 지금도 오직 우리 주 예수 그리스도를 통해서만 우리와 만나 연합하시고 교제하신다는 사실입니다. 그래서 예배 때마다 예수 그리스도의 대속의 복음이 나타나야 합니다. 예배 순서 가운데 '죄의 공적 고백(회개의 기도)'과 '사죄의 선포'를 통해 하나님께서는 연약한 우리를 다시금 용서하시고, 그 품에 안아주십니다.

> "만일 우리가 우리 죄를 자백하면 저는 미쁘시고 의로우사 우리 죄를 사
> 하시며 모든 불의에서 우리를 깨끗케 하실 것이요9 만일 우리가 범죄하
> 지 아니하였다 하면 하나님을 거짓말하는 자로 만드는 것이니 또한 그의
> 말씀이 우리 속에 있지 아니하니라10 나의 자녀들아 내가 이것을 너희에

이뿐 아닙니다. 예배 때마다 예수 그리스도의 대속의 복음에 기반한 설교가 선포됩니다. 설교는 도덕적 훈화가 아닙니다. 직접적이든 간접적이든 언제나 값없는 은혜의 복음을 전합니다. 창세기부터 계시록에 이르기까지 이것과 무관한 본문은 하나도 없습니다. 모든 성경은 예수 그리스도를 증거합니다(요 5:39; 눅 24:25~27,44; 벧전 1:10~11). 세례 역시 예수 그리스도의 피가 하나님과 수세자를 화목케 하셨다는 사실을 공적으로 고백하는 현장입니다(행 2:36~38). 성찬 역시 우리를 위해 피 흘리신 예수 그리스도의 죽으심을 오실 때까지 기념하는 현장입니다(고전 11:23~26).

그러므로 그리스도의 피 흘림은 단 한 번이지만, 하나님께서는 예배 때마다 예수 그리스도의 대속의 피 때문에 우리와 만나십니다. 우리의 희생 제물이 되신 예수 그리스도 때문에 연약한 우리를 용서하시고, 그리스도의 대속의 복음을 선포하시고, 그리스도의 몸과 피를 먹고 마시는 식탁에 찾아오십니다.

---

4) 여기서 "대언자"에 해당하는 헬라어 명사 "παράκλητος(파라클레토스)"는 요한복음 14~16장에서 성령님을 "보혜사"로 지칭한 바로 그 단어입니다. 이 단어는 '위로자(comforter)'라는 뜻을 가지고 있는데, 이는 단순히 토닥토닥 위로해주는 정도가 아니라 법정에서 변호하시는 분을 뜻합니다. 악한 사탄이 연약한 우리를 하나님의 법정에서 끊임없이 고소하고 중상하지만, 우리에게는 든든한 변호사가 계십니다. 하나님 우편에 계신 예수 그리스도께서 보혜사이시고, 신자에게 내주하시는 성령님께서 보혜사이십니다. 그래서 예배 순서 중에는 '죄의 공적 고백(회개의 기도)'과 '사죄의 선포'가 있습니다.

예배가 단지 과거의 회상일 뿐이라고 생각하십니까? 천만의 말씀입니다. 우리 하나님 아버지께서는 주 예수 그리스도 안에서, 그리스도의 영 즉 성령님의 사역을 통해 정말 우리에게 찾아오십니다. 그리스도의 피가 예배 때마다 우리를 하나님과 만나 교제하게 합니다. 연합하게 합니다.

4. 언약식을 위해 섬기는 봉사자들: 직분자들의 봉사로 시행되는 예배

그런데 이 언약에는 언약의 양쪽 당사자인 하나님과 이스라엘, 그리고 언약의 중보자인 모세 외에도 섬기는 봉사자들이 있었습니다. 그들은 아론과 그의 아들 나답과 아비후, 그리고 이스라엘의 장로 칠십 인입니다.

> "또 모세에게 이르시되 너는 아론과 나답과 아비후와 이스라엘 장로 칠십 인과 함께 여호와에게로 올라와 멀리서 경배하고"(출 24:1)

물론 이들도 이스라엘 자손입니다. 그러나 다른 이스라엘 자손들과는 달리 이들은 이 언약식에서 특별한 어떤 기능을 수행했습니다. 아론과 그의 아들 나답과 아비후는 이후에 이스라엘의 제사장이 될 인물들입니다.[5] 그리고 이스라엘의 장로들이 함께 했습니다. 즉, 시내 산에서 맺은 언약에는 양쪽 당사자인 하나님과 이스라엘, 그리고 중보자인 모세 외에도 **제사장들과 장로들이 이 언약에 동참**했습니다. 시내 산에서 맺은 **언약은 한 번**뿐이었으나, 하나님께서 주신 (십계명으로 요약

---

5) 그러나 이후 나답과 아비후는 여호와께서 명하시지 않은 불을 담아 분향하다가 여호와께로부터 나온 불에 타죽습니다(레 10:1~2). 그래서 아론과 함께 나머지 두 아들들인 엘르아살과 이다말만이 당대의 제사장으로 봉사합니다(레 10:6 이하; 민 3:2~4).

되는) 율법의 원리에 따라 **제사**(예배)**와 재판**(치리)**은 계속 시행되어야**
했습니다.[6] 이스라엘의 제사장들과 장로들은 하나님과 이스라엘, 그리
고 **중보자 모세를 대신하여 이 일을 계속 담당**해야 했습니다.

예수님께서 단번에 자신을 드리심으로 하나님과 우리 사이가 화목하
게 되었습니다. 이제 하나님께서는 예수 그리스도 안에서 드리는 우리
의 예배에 참석하시며, 이 예배를 기쁘게 받으십니다. 이 일을 위해 교
회의 직분자들이 필요합니다. **교회의 기초를 세우던 시기에는 사도들**
Apostles**이 필요했지만,**[7] 오늘날에는 (가르치는 장로인) 목사와 (다스리
는) 장로와 집사들이 이를 위해 계속 봉사합니다.[8] 목사는 설교와 성례
시행을, 장로는 이를 위한 예배 참석과 성례를 위한 사전 심방과 권징
을, 그리고 집사는 연보와 구제를 통해 하나님과 새 이스라엘(교회) 사
이의 언약관계를 지속하도록 계속 봉사합니다.

표 3. 시내 산 언약(옛 언약)과 새 언약

언 약	시내 산 언약(옛 언약)		새 언약	
	요 소	역할/기능	요 소	역할/기능
당사자	하나님 이스라엘	언약에 참석(산 정상 강림) 언약에 참석(산 아래 회집)	하나님 교회	예배 참석자(찾아오심) 예배 참석자(나아감)
중보자	모세	언약 집례자	예수 그리스도	예배 집례자
확 증	짐승의 피	단번에: 화목시킴(언약식) 계 속: 관계 지속 (율법: 제사와 재판)	예수 그리스도의 피	단번에: 대속의 죽음 계 속: 관계 지속 (설교, 성례, 기도)[9]
봉사자	제사장들 장로들	제사법/의식법(예배) 시행 재판법/시민법(치리) 시행	직분자들	목사: 예배 인도 장로: 예배를 위한 치리 집사: 예배를 위한 위로

6) 바로 이런 이유로 인해, 율법에는 십계명으로 대표되는 도덕법(the moral laws)의 토대
위에 의식법/제사법(the ceremonial/sacrificial laws)과 시민법/재판법(the civil/judicial
laws)이 주어졌습니다.

결론적으로, **매 주일 예배 시간은 실제로 하나님께서 임재하시는 현장입니다.** 그분이 예배하는 교회와 함께 하십니다. 이 시간에 하나님과 교회는 정말 만납니다. 중보자이신 예수 그리스도께서 이 만남을 주선하십니다. 그분이 예배를 집례하십니다. 그리스도 안에서 하늘과 땅이 만납니다. 아버지와 아들(예수 그리스도)의 이름으로 오셔서 우리 속에 내주하시는 성령님께서 이를 깨닫게 하시고 은혜를 베풀어주십니다. 성령님께서는 이를 위해 직분자들(목사, 장로, 집사)의 봉사를 사용하십니다. 비록 우리 눈에는 직분자들과 성도들만 보이더라도, 삼위일체 하나님께서 부지런히 일하고 계심을 잊지 말아야 합니다.

예배 시간에는 하나님과의 교제와 연합이 있습니다. 그러므로 이 시간에 성도들은 다른 일에 집중하는 대신, 두렵고 떨림으로 이 놀라운 언약 갱신의 현장을 마음껏 즐겨야 합니다. 이는 참으로 신비 중의 신비입니다. 영광 중의 영광입니다.

---

7) 사도들(Apostles)은 교회가 처음 창설되던 시기에만 존재했습니다. 새 성전인 교회의 터(foundation)를 닦는 일은 단 한 번만 필요하기 때문입니다(고전 3:10~11; 엡 2:20; 딤후 2:19; 계 21:14). 이런 이유로 인해 사도를 가리켜 '교회 창설 직원(직분)'이라 부릅니다.

8) 사도는 더 이상 존재하지 않지만, 교회는 사도들이 가르친 복음을 예수 그리스도의 재림 때까지 계속 전하고 가르칩니다. 이를 위해 교회 안에는 목사(가르치는 장로)와 (다스리는) 장로와 집사의 봉사가 필요합니다. 이런 이유로, 이 직분들을 가리켜 '교회 항존 직원(직분)'이라 부릅니다.

9) 대교리 제154문답과 소교리 제88문답은 이 세 가지를 "은혜의 방편"이라 부릅니다. 일반적으로 은혜의 방편을 '말씀과 성례와 기도'라고 말하기 쉬우나, 좀 더 정확히 표현하면 '설교와 성례와 기도'입니다. 이 세 가지는 모두 예배 순서 가운데서 시행됩니다.

1. 대한예수교장로회(고신) 헌법은 주일 공예배 외의 각종 교회 모임을 무엇
   이라고 부릅니까?

2. 우리는 어디로부터 구원받았습니까? 그리고 누구를 향해 그리고 무엇
   을 향해 구원받았습니까?

3. 출애굽기 전체의 내용을 세 부분으로 나누면 어떻게 됩니까?

4. 시내 산 언약의 양쪽 당사자는 누구입니까? 이 양쪽을 연결한 중보자
   는 누구입니까? 그리고 여기에 함께 한 봉사자들은 누구입니까?

5. 우리의 예배에 누가 임재하십니까? 정말 그렇게 생각하십니까?

6. 한 걸음 더 '예배는 항상 있지만, 명절은 1년에 몇 번 없기 때문에 결석
   해도 괜찮다.', '바쁠 때는 집에서 혼자 기독교방송을 보면서 예배해도
   괜찮다.' 이런 말에 대해 어떻게 생각하십니까?

어린아이들도 예배에 참석해야 합니까?

"대대로 남자는 집에서 난 자나 혹 너희 자손이 아니요 이방 사람에게서 돈으로 산 자를 무론하고 난 지 팔 일만에 할례를 받을 것이라"(창 17:12)

"오늘날 너희 곧 너희 두령과 너희 지파와 너희 장로들과 너희 유사와 이스라엘 모든 남자와10 너희 유아들과 너희 아내와 및 네 진 중에 있는 객과 무릇 너를 위하여 나무를 패는 자로부터 물 긷는 자까지 다 너희 하나님 여호와 앞에 선 것은11 너의 하나님 여호와의 언약에 참예하며 또 너의 하나님 여호와께서 오늘날 네게 향하여 하시는 맹세에 참예하여12 여호와께서 이왕에 네게 말씀하신 대로 또 네 열조 아브라함과 이삭과 야곱에게 맹세하신 대로 오늘날 너를 세워 자기 백성을 삼으시고 자기는 친히 네 하나님이 되시려 함이니라13"(신 29:10~13)

"사람들이 예수의 만져 주심을 바라고 자기 어린 아기를 데리고 오매 제자들이 보고 꾸짖거늘15 예수께서 그 어린아이들을 불러 가까이 하시고 이르시되 어린아이들이 내게 오는 것을 용납하고 금하지 말라 하나님의 나라가 이런 자의 것이니라16 내가 진실로 너희에게 이르노니 누구든지 하나님의 나라를 어린아이와 같이 받들지 않는 자는 결단코 들어가지 못하리라 하시니라17"(눅 18:15~17)

"주 예수 그리스도의 은혜와 하나님의 사랑과 성령의 교통하심이 너희 무리와 함께 있을찌어다"(고후 13:13)

어린아이들도 예배에 참석해야 합니까?

어린 시절, 필자가 부모님께로부터 자주 듣던 말입니다.

"너는 이제 유년주일학교에 다녀왔으니까 형들이랑 집에 있어라. 아빠와
엄마는 어른예배(대예배)에 다녀올게."

부모님을 따라 오전예배와 저녁예배에 참석한 적도 많았습니다. 그
럴 때면 교회 어른들은 필자의 머리를 쓰다듬으며 이렇게 말씀하시곤
했습니다.

"오늘은 엄마 따라왔네?"

주일오전예배와 오후예배(당시에는 저녁예배)를 으레 '어른예배' 또는

'대예배'라 불렀고, 여기에 꼭 참석해야 할 의무감이나 필요성을 느끼지 않았습니다. 유년주일학교 예배가 따로 있었기 때문에 당연히 그렇게 생각했습니다. 물론 교회에서도 어린아이들의 출석을 요구하거나 그렇게 해야 한다고 가르치지 않았습니다.

| 언약 앞에 선 자들

제1장에서 우리는 시내 산에서의 언약식(출 19~24장, 특히 24장)을 살폈습니다. 하나님께서 산꼭대기에 강림하셨습니다. 중보자 모세가 언약식을 집례했습니다. (미래의) 제사장들과 장로들이 증인과 봉사자로 참석했습니다. 그리고 산 아래에는 출애굽한 모든 백성들이 있었습니다. 이들은 혈통적 이스라엘과 중다한 잡족, 즉 이스라엘과 함께 한 이방인들로 구성되어 있었습니다(출 12:37~38). 그들 모두가 하나님과 언약을 체결하고, 그분의 백성이 되었습니다.

40년 가까이 지나 광야생활이 끝날 때쯤, 하나님께서는 다시 모세를 통해 언약을 상기시키셨습니다. 하나님께서는 누가 언약백성인지 선포하셨습니다.

> "오늘날 너희 곧 너희 두령과 너희 지파와 너희 장로들과 너희 유사와 이스라엘 모든 남자와10 **너희 유아들과 너희 아내와 및 네 진중에 있는 객**과 무릇 너를 위하여 **나무를 패는 자로부터 물 긷는 자까지** 다 너희 하나님 여호와 앞에 선 것은11 너의 하나님 여호와의 언약에 참예하며 또 너의 하나님 여호와께서 오늘날 네게 향하여 하시는 맹세에 참예하여12 여호와께서 이왕에 네게 말씀하신 대로 또 네 열조 아브라함과 이삭과 야곱에게 맹세하신 대로 오늘날 너를 세워 자기 백성을 삼으시고 자기는

친히 네 하나님이 되시려 함이니라13"(신 29:10~13)

여기서도 언약의 한쪽 당사자이신 하나님이 계십니다. 그리고 중보자 모세가 있습니다. 하나님께서 중보자를 통해 그분의 언약을 그 백성들에게 반포하십니다. 그리고 여기에도 봉사자들이 있습니다. "두령"과 "장로"와 "지도자"들입니다. 그들은 하나님께서 중보자를 통해 주신 언약이 유지되도록 이스라엘을 위해 신실하게 봉사해야 합니다. 그리고 마지막으로 언약백성들이 있습니다. 우리가 제1장에서 살핀 그 내용이 여기서도 반복됩니다.

① 언약의 양쪽 당사자(참석자)　　하나님, 교회(출애굽한 백성 전체)
② 언약의 중보자(집례자)　　모세
③ 언약의 봉사자(하위 직분자들)　　두령, 장로, 지도자

그런데 제2장에서 우리가 주목해야 할 대상은 하나님 앞에 선 구약 교회(출애굽한 백성 전체)의 구성원들입니다. 그들이 누구입니까? 이 지도자들을 포함하여 "이스라엘 모든 남자와 너희의 유아들과 너희의 아내와 및 네 진중에 있는 객과 너를 위하여 나무를 패는 자로부터 물 긷는 자"입니다(10~11절).

여기서 "나무를 패는 자로부터 물 긷는 자"(11절)라는 표현은 모세가 죽고 난 이후 여호수아의 가나안 정복 시기에 실제로 그렇게 된 기브온 족속을 생각나게 합니다.

"무리에게 이르되 그들을 살리라 하니 족장들이 그들에게 이른 대로 그들이 온 회중을 위하여 나무 패며 물 긷는 자가 되었더라21 … 그러므로

기브온 족속은 이방인입니다. 그것도 하나님께서 모두 다 죽이라고 하신 가나안 일곱 족속 중 하나인 히위 족속의 한 갈래입니다(수 9:7, 11:19). 그런데 이 사람들이 이스라엘 백성을 섬기는 종이 되었습니다. 단순한 노예가 아닙니다. 그들은 '여호와의 집'과 '제단', 즉 성막에서 봉사하는 종이 되었습니다(수 9:23, 27). 이방인이요, 심판 받아 죽어 마땅한 이들이 하나님께 항복하여 그분의 벌을 받음으로써 오히려 언약 백성 가운데 거하는 복을 받게 되었습니다.[1]

이뿐 아니라 "네 진 중에 있는 객"(11절) 역시 이 문맥에서는 이스라엘로 찾아와 그들의 하나님을 섬기기 원하는 이방인을 뜻합니다. 왜냐하면 이 어구 바로 앞에서 이미 모든 이스라엘 백성들을 다 언급했기 때문입니다(참고. 10~11절). 즉 하나님께서는 언약백성들의 목록으로 이스라엘의 직분자들, 그리고 이스라엘 백성들, 그리고 그 다음에 이방인들을 언급하셨습니다. 하나님께서는 신앙을 고백하는 이스라엘과 이방인 모두를 언약백성으로 삼아주셨습니다. 그분은 이스라엘도, 이방인도 모두 언약백성으로 받아주십니다. 비록 구약시대에 이스라엘을 중

---

[1] 그러므로 여호수아 9장의 이 사건을 단순히 '남을 속이고 거짓말하면 벌 받는다'는 식의 도덕·윤리적으로 이해해서는 안 됩니다. 이는 여리고의 기생 라합의 집에서 발생한 것과 같은 구원 사건입니다. 기브온 족속의 구원 사건은 기생 라합과 그의 집에 임한 구원이 확장되고 있음을 보여줍니다. 죄가 더한 곳에 은혜가 더욱 넘쳤습니다(롬 5:20). 하나님의 예배 군대(liturgical army)인 이스라엘의 가나안 정복 전쟁이라는 심판의 복음이 선교라는 열매를 맺는 구원의 복음으로 작용했습니다. 이 원리는 오늘날에도 동일합니다. 심판의 복음이 곧 구원의 복음입니다.

심으로 구속사가 전개되기는 하지만, 그렇다고 해서 이방인들이 구원에서 배제되지 않았습니다.

그런데 여기서 한 가지, 우리가 잊지 말아야 할 사람들이 있습니다.

"너희 유아들과[2]"(11절)

하나님께서는 언약백성들의 목록에서 어린아이들을 제외시키지 않으셨습니다. **어린아이들도 여호와 하나님 앞에 서 있는 자들, 그분과 맺은 언약에 참여한 자들**이라고 말씀하셨습니다.

"너희 유아들괴 … 다 너희 하나님 여호와 앞에 선 것은[11] 너의 하나님 여호와의 **언약에 참예**하며 또 너의 하나님 여호와께서 오늘날 네게 향하여 하시는 **맹세에 참예**하여[12] 여호와께서 이왕에 네게 말씀하신 대로 또 네 열조 아브라함과 이삭과 야곱에게 맹세하신 대로 오늘날 너를 세워 **자기 백성을 삼으시고 자기는 친히 네 하나님이 되시려 함이니라**[13]"(신 29:11~13)

| 언약의 표sign인 할례를 받은 자들

옛적에 하나님께서 이스라엘의 선조 아브라함에게 언약백성의 표sign인 할례를 제정하실 때, 이렇게 명령하셨습니다.

"대대로 남자는 집에서 난 자나 혹 너희 자손이 아니요 이방 사람에게

---

2) 한글개역개정성경은 이를 "너희의 유아들과"로 번역했습니다.

하나님께서는 이스라엘이 시작될 때부터 이미 어린 유아들까지도 언
약백성의 목록에서 제외시켜서는 안 된다는 사실을 밝혀놓으셨습니다.
인류 최초로 할례를 받은 자들이 누구입니까?

"이에 아브라함이 하나님이 자기에게 말씀하신 대로 이 날에 그 아들 이
스마엘과 집에서 생장한 모든 자와 돈으로 산 모든 자 곧 아브라함의 집
사람 중 모든 남자를 데려다가 그 양피를 베었으니23 아브라함이 그 양피
를 벤 때는 구십구 세이었고24 그 아들 이스마엘이 그 양피를 벤 때는 십
삼 세이었더라25 당일에 아브라함과 그 아들 이스마엘이 할례를 받았고
26 그 집의 모든 남자 곧 집에서 생장한 자와 돈으로 이방 사람에게서 사
온 자가 다 그와 함께 할례를 받았더라27"(창 17:23~27)

아브라함과 그의 서자 이스마엘, 그리고 아브라함의 모든 종들이 다
할례를 받았습니다. 이 중 아브라함의 혈통은 그 자신과 이스마엘 단
둘뿐이며, 나머지 모든 사람들은 이방인들입니다. 그들은 아브라함의
장막에서 나무를 패며 물을 긷는 종들입니다. 이스라엘 민족의 시작
때부터 하나님께서는 이방인들에게도 구원의 문을 열어놓으셨습니다.
이후에 이삭이 태어났을 때, 아브라함은 하나님께서 명령하신 대로 이
삭이 태어난 지 팔 일 만에 할례를 시행했습니다.

"그 아들 이삭이 난 지 팔 일 만에 그가 하나님의 명대로 할례를 행하였
더라"(창 21:4)

신명기 29:10~13에서와 같이, 여기서도 **이스라엘 성인들뿐 아니라 할례 받은 이방인과 어린아이들이 모두 하나님의 언약백성**입니까. 즉 언약 공동체의 구성원은 다음과 같습니다.

    ① 출애굽한 이스라엘

    ② 출애굽한 이방인

    ③ 언약백성들의 자녀(유아 포함)

즉, 하나님의 구원 사건을 경험하고 그분의 백성이 되기로 맹세한 자들(이스라엘과 이방인)과 그들의 자녀들이 모두 언약 공동체(교회)의 구성원입니다. 이런 이유로, 이 세 종류의 구성원 중에서 누구도 예배에서 제외될 수 없었습니다.

구약시대 이스라엘의 예배 중 가장 대표적인 세 절기가 있습니다. 그것은 바로 유월절과 무교절, 맥추절(칠칠절, 오순절), 초막절(수장절)입니다. 하나님께서는 언약백성의 구성원 모두가 이 세 절기에 참여하도록 율법에 명시하셨습니다. 즉, 이스라엘과 이방인뿐 아니라 그들의 자녀들이 참여해야 합니다.

유월절

"여호와께서 애굽 땅에서 모세와 아론에게 일러 가라사대[1] 이 달로 너희에게 달의 시작 곧 해의 첫 달이 되게 하고[2] 너희는 이스라엘 회중에게 고하여 이르라 이 달 열흘에 너희 매인이 어린 양을 취할찌니 각 가족대로 그 식구를 위하여 어린 양을 취하되[3] 그 어린 양에 대하여 식구가 너무 적으면 그 집의 이웃과 함께 인수를 따라서 하나를 취하며 각 사람의 식량을 따라서 너희 어린 양을 계산할 것이며[4] ⋯ 모세가 이스라엘 모든 장로를 불러서 그들에게 이르되 너희는 나가서 너희 가족대로 어린 양을 택하여 유월절 양으로 잡고21 … 너희는 이 일을 규례로 삼아 너희와 너희 자손이 영원히 지킬 것이니24 너희는 여호와께서 허락하신 대로 너희에게 주시는 땅에 이를 때에 이 예식을 지킬 것이라25 이 후에 너희 자녀가 묻기를 이 예식이 무슨 뜻이냐 하거든26 너희는 이르기를 이는 여호와의 유월절 제사라 여호와께서 애굽 사람을 치실 때에 애굽에 있는 이스라엘 자손의 집을 넘으사 우리의 집을 구원하셨느니라 하라 하매 백성이 머리 숙여 경배하니라27 … 여호와께서 모세와 아론에게 이르시되 유월절 규례가 이러하니라 이방 사람은 먹지 못할 것이나43 각 사람이 돈으로 산 종은 할례를 받은 후에 먹을 것이며44 거류인과 타국 품군[3]은 먹지 못하리라45 한 집에서 먹되 그 고기를 조금도 집 밖으로 내지 말고 뼈도 꺾지 말지며46 이스라엘 회중이 다 이것을 지킬지니라47 너희와 함께 거하는 타국인이 여호와의 유월절을 지키고자 하거든 그 모든 남자는 할례를 받은 후에야 가까이 하여 지킬지니 곧 그는 본토인과 같이 될 것이나 할례받지 못한 자는 먹지 못할 것이니라48 본토인에게나 너희 중에 우거한 이방인에게나 이 법이 동일하니라 하셨으므로49 온 이스라엘 자손이 이와 같이 행하되 여호와께서 모세와 아론에게 명하신 대로 행하였으며50"(출 12:1~4, 21, 24~27, 43~50)

칠칠절과 초막절

"네 하나님 여호와 앞에 칠칠절을 지키되 네 하나님 여호와께서 네게 복을 주신 대로 네 힘을 헤아려 자원하는 예물을 드리고10 너와 네 자녀와

---

3) 여기서 "거류인"과 "타국 품군"은 할례를 받지 않은 이방인, 즉 언약백성이 아닌 이방인을 의미합니다. 그들은 유월절을 기념하는 예식에서 제외되었습니다. 그러나 이스라엘의 종과 타국인들 중 할례를 받은 자들, 즉 언약백성이 된 이방인은 이스라엘 백성과 마찬가지로 유월절 예식에 참여할 자격이 부여되었습니다.

노비와 네 성중에 거하는 레위인과 및 너희 중에 있는 객과 고아와 과부
가 함께 네 하나님 여호와께서 그 이름을 두시려고 택하신 곳에서 네 하
나님 여호와 앞에서 즐거워할찌니라11 너는 애굽에서 종 되었던 것을 기
억하고 이 규례를 지켜 행할찌니라12 너희 타작 마당과 포도주 틀의 소출
을 수장한 후에 칠 일 동안 초막절을 지킬 것이요13 절기를 지킬 때에는
너와 네 자녀와 노비와 네 성중에 거하는 레위인과 객과 고아와 과부가
함께 연락하되14"(신 16:10~14)

옛 언약시대에서부터 하나님께서는 언약백성들의 어린아이들을 예배
에서 제외시키지 않으셨습니다. 오히려 언약백성 모두가 다함께 참여
하는 예배를 독려하셨습니다.

| 어린아이에 대한 예수님의 말씀

예수님의 공생애 중에 이런 일이 있었습니다. 사람들이 예수님께 자기
어린 아기를 데리고 와서 만져주시기를 원했습니다. 그런데 그분의 제
자들은 이 사람들을 꾸짖었습니다. 그때 예수님께서 하신 말씀이 이것
입니다.

"사람들이 예수의 만져 주심을 바라고 자기 **어린 아기**를 데리고 오매 제
자들이 보고 꾸짖거늘15 예수께서 그 **어린아이**들을 불러 가까이 하시고
이르시되 **어린아이들이 내게 오는 것을 용납하고 금하지 말라 하나님의
나라가 이런 자의 것이니라**16 내가 진실로 너희에게 이르노니 누구든지
하나님의 나라를 **어린아이**와 같이 받들지 않는 자는 결단코 들어가지 못
하리라 하시니라17"(눅 18:15~17; 참고, 마 19:13~15; 막 10:13~16)

예수님께서는 어린아이들이 하나님의 나라에서 결코 제외되어서는 안 된다는 사실을 명시하셨습니다. 언약백성들의 자녀들도 하나님과 맺은 언약에 참여한 자들이기 때문입니다. 16~17절에 언급된 "어린아이"에 해당하는 헬라어 "παιδίον(파이디온)"은 '유아infant'부터 '어린이child'에 이르기까지 폭넓은 연령층에 사용될 수 있는 단어입니다. 그런데 15절의 "어린 아기"에 해당하는 헬라어 "βρέφος(브렢호스)"는 아주 어린 '유아(갓난아기, infant)'를 가리킬 때만 사용되는 단어입니다. 이 단어가 등장하는 성경 본문 가운데 단 한 번의 예외도 없습니다. 아래의 구절들을 보십시오.

"엘리사벳이 마리아의 문안함을 들으매 **아이**가 복중에서 뛰노는지라 엘리사벳이 성령의 충만함을 입어41 … 보라 네 문안하는 소리가 내 귀에 들릴 때에 **아이**가 내 복중에서 기쁨으로 뛰놀았도다44"(눅 1:41, 44)

"너희가 가서 강보에 싸여 구유에 누인 **아기**를 보리니 이것이 너희에게 표적이니라 하더니12 … 빨리 가서 마리아와 요셉과 구유에 누인 **아기**를 찾아서16"(눅 2:12, 16)

"그가 우리 족속에게 궤계를 써서 조상들을 괴롭게 하여 그 **어린아이들**을 내어 버려 살지 못하게 하려 할쌔"(행 7:19)

"또 네가 **어려서부터**(필자 주: 유아 때부터, from an infant) 성경을 알았나니 성경은 능히 너로 하여금 그리스도 예수 안에 있는 믿음으로 말미암아 구원에 이르는 지혜가 있게 하느니라"(딤후 3:15)

"갓난 아이들 같이 순전하고 신령한 젖을 사모하라 이는 이로 말미암아 너희로 구원에 이르도록 자라게 하려 함이라"(벧전 2:2)

예수님께서는 갓난아기까지도 언약백성에서 제외되어서는 안 된다는 사실을 보여주셨습니다. 예수님께서 이렇게 판단하셨다면, 도대체 우리 중에 누가 자신의 자녀들을 언약 갱신의 현장인 예배에 참석하지 않도록 할 권리가 있겠습니까?

| 오순절 사도 베드로의 선포

사도 베드로의 오순절 설교의 결론은 구약의 율법, 그리고 예수님의 이 말씀과 궤를 같이 합니다.

"그런즉 이스라엘 온 집이 정녕 알찌니 너희가 십자가에 못 박은 이 예수를 하나님이 주와 그리스도가 되게 하셨느니라 하니라[36] 저희가 이 말을 듣고 마음에 찔려 베드로와 다른 사도들에게 물어 가로되 형제들아 우리가 어찌할꼬 하거늘[37] 베드로가 가로되 너희가 회개하여 각각 예수 그리스도의 이름으로 세례를 받고 죄 사함을 얻으라 그리하면 성령을 선물로 받으리니[38] 이 약속은 **너희와 너희 자녀와 모든 먼 데 사람 곧 주 우리 하나님이 얼마든지 부르시는 자들**에게 하신 것이라 하고[39] 또 여러 말로 확증하며 권하여 가로되 너희가 이 패역한 세대에서 구원을 받으라 하니[40] 그 말을 받는 사람들은 세례를 받으매 이 날에 제자의 수가 삼천이나 더하더라[41]"(행 2:36~41)

하나님께서 그분의 약속으로 초청하시는 대상이 누구입니까? "너희와 너희 자녀와 모든 먼 데 사람 곧 주 우리 하나님이 얼마든지 부르시는 자들"(39절)입니다. 이 문맥에서 "너희"는 세계 각국에서 모여든 이스라엘 백성들입니다. 그래서 베드로는 "이스라엘 온 집이 정녕 알찌니"(36절)라고 선포한 것입니다. 여기서도 언약 공동체의 구성원이 될 사람은 세 종류입니다. 기존의 언약백성(이스라엘)과 그들의 자녀, 그리고 이방인들입니다. 구약시대와 달라진 것이 하나 있다면, 이제는 할례 대신 세례를 통해 언약의 표sign를 가져야 한다는 점입니다.[4] 그리고 오늘날에는 이제 더 이상 유대인과 이방인의 구분이 사라지고 없다는 점입니다. 즉, 예수 그리스도를 구주로 믿고 고백하는 사람과 그의 자녀가 교회의 구성원입니다. 중요한 사실은 여기서도 어린아이가 결코 언약백성에서 제외되지 않는다는 점입니다.

| 강복선언Benediction의 대상

고린도교회는 여러 면에서 엄중한 책망을 들었습니다. 교회 안에 분파가 발생했고(고전 1~4장), 은사 문제로 인해 다투었습니다(고전 12~14장). 근친상간(고전 5장)과 육신의 부활을 부인하는 이단 사설까지 발생했습니다(고전 15장). 심지어 바울의 사도 직분까지도 의심하는 자들이 있었습니다(고전 9장, 15:8; 고린도후서 전체). 이에 바울은 두 번의 서신을 통해 이 모든 문제들에 대한 해결책을 제시합니다. 그 다음, 바울은 고린도후서의 마지막에 삼위 하나님의 복을 선포합니다.

---

4) 오늘날 어떤 이들은 성경에 유아세례의 증거가 나타나지 않는다고 주장합니다. 그러나 성경은 유아들에게도 언약의 표(sign)인 할례(구약시대) 또는 세례(신약시대)를 시행해야 할 것을 일관성 있게 보여줍니다.

한글개역성경과 한글개역개정성경은 모두 "너희 무리와 함께"라고
번역했지만, 사실 헬라어 성경 그대로 번역하면 **너희 모두와 함께**
(μετὰ πάντων ὑμῶν, **메타 판톤 휘몬**, with you all)"입니다. 여기서 "너희"
는 고린도교회의 구성원들입니다. 고린도는 이방 도시입니다. 고린도
교회가 맨 처음 설립되었을 때 어디서 회집했는지 아십니까? 교인들은
유대인의 회당 바로 옆에 살고 있던 디도 유스도의 집에서 모였습니
다.

고린도교회의 성도들 가운데는 회당 출신의 유대인들도 꽤 있었는
데, 그 중에는 회당장이었다가 기독교로 개종한 그리스보도 있었습니
다(행 18:8). 그뿐 아니라 그리스보의 후임자로 온 소스데네까지도 기독
교인이 된 것으로 보입니다(행 18:17; 참고. 고전 1:1). 두 명의 회당장이
모두 기독교인이 된데다, 회당 바로 옆집에서 교회가 회집하니 유대인
들의 증오가 얼마나 극심했겠습니까?[5] 이렇게 고린도교회 안에는 유대
인들도 있었으나, 동시에 상당수는 이방인들이었습니다(행 18:1~18). 유
대인과 이방인 모두 예수님을 믿고 세례를 받아 고린도교회의 구성원

---

5) 이렇게 핍박자(회당을 중심으로 한 유대주의자)들에게 노출된 상태에서, 고린도교회는
   자기들끼리 서로 다투고 싸웠습니다. 교만이 교회를 분열시켰습니다(고전 1:10 이하).
   이것이 얼마나 큰 범죄입니까? 이것이 얼마나 교회를 무너뜨리는 행위입니까?

이 되었습니다. 그러나 그들은 서로 다투고 그들 가운데 범죄를 허용했습니다.

하나님께서는 사도 바울이 보낸 서신들을 통해 고린도교회를 엄중히 책망하셨습니다. 심지어 어떤 사람의 경우에는 출교할 것을 명령하셨습니다(고전 5:13). 하나님께서는 이런 경고와 책망과 심판이라는 방법으로 고린도교회를 회복하셨습니다. 마치 아간을 돌로 쳐 죽임으로, 위기에 처한 이스라엘 백성들을 진노와 심판으로부터 회복하신 것처럼 말입니다(수 7장). 또한 기브온 족속을 종으로 삼으시는 방법(징벌)을 통해, 그들을 멸망에서 건지신 것처럼 말입니다. 심판의 복음이야말로 믿고 회개하는 자들을 회복하는 구원의 복음입니다.

이제 마지막으로 바울은 삼위 하나님께서 주시는 복을 고린도교회의 구성원 모두에게 선포합니다.

여기에는 사도의 강한 책망과 꾸중을 들은 사람들도 포함되어 있습니다. **고린도교회 성도들의 자녀도 포함**되어 있습니다. **심지어 짝 믿는 가정의 어린아이들까지도 "너희 모두"에 포함**됩니다(참고. 고전 7:14). 예수님께서 하신 것과 꼭 마찬가지로, 사도 바울 역시 성도들의 어린아이들까지 삼위 하나님의 이름으로 축복합니다. 우리의 신앙고백서가 이렇게 명시하는 이유 역시 동일합니다. 신자의 어린 자녀들도 언약백성의 구성원이기 때문입니다.

문: 누구에게 세례를 베풀어야 합니까?

답: 세례는 그리스도에 대한 믿음과 순종을 고백할 때까지는 유형교회

밖에 있어 약속의 언약에 외인들인 어느 누구에게도 베풀어서는 안 됩니다. 그러나 양편 혹은 한편의 부모가 그리스도에 대한 믿음과 순종을 고백하는 가정에서 태어난 유아들은 그 언약 안에 있는 것으로 간주되므로 세례 받아야 합니다."(대교리 제166문답; 참고. 소교리 제95문답)

"그리스도를 믿는 믿음과 그분에게 순종을 실제로 고백하는 자들뿐만 아니라, 한편이나 양편이 믿는 부모를 둔 유아도 세례받을 수 있다."(웨스트민스터 신앙고백서 28:4)

그렇다면 우리 자녀들을 언약 갱신의 현장인 예배에 데려오지 않아야 할 이유가 어디 있겠습니까? 그들도 하나님과 맺은 언약의 대상, 즉 언약백성인데 말입니다. 결론적으로, 소위 '어른예배'라는 용어는 비성경적이며 사용하지 말아야 합니다. 남녀노소를 뛰어넘어 모든 언약백성들이 공예배에 참석해야 합니다. **언약백성인 교회는 신자와 그들의 자녀들로 구성**되어 있기 때문입니다.

1. 신명기 29:10~13에서 언약백성들의 목록에 이스라엘 백성들의 지도자들과 일반 어른들 외에 언급된 두 부류의 사람들을 말해봅시다.

2. 하나님께서는 태어난 지 몇 일만에 할례를 시행하도록 명령하셨습니까? 하나님께서는 언약백성의 갓난아기까지도 어떻게 생각하셨습니까?

3. 아브라함의 종들까지 할례를 받았다는 사실을 통해 알 수 있는 것이 무엇입니까?

4. 예수님께서는 하나님 나라에 누구까지도 포함시키셨습니까?

5. 짝 믿는 가정의 자녀들도 언약백성입니까? 그것을 어떻게 알 수 있습니까?

6. 한 걸음 더 믿는 부모에게 있어서 자신의 자녀에게 유아세례를 받게 하는 것은 의무입니까? 아니면 단지 선택의 문제입니까?

십계명과 예배

"하나님이 이 모든 말씀으로 일러 가라사대1 나는 너를 애굽 땅, 종 되었던 집에서 인도하여 낸 너의 하나님 여호와로라2 너는 나 외에는 다른 신들을 네게 있게 말찌니라3 너를 위하여 새긴 우상을 만들지 말고 또 위로 하늘에 있는 것이나 아래로 땅에 있는 것이나 땅 아래 물 속에 있는 것의 아무 형상이든지 만들지 말며4 그것들에게 절하지 말며 그것들을 섬기지 말라 나 여호와 너의 하나님은 질투하는 하나님인즉 나를 미워하는 자의 죄를 갚되 아비로부터 아들에게로 삼 사 대까지 이르게 하거니와5 나를 사랑하고 내 계명을 지키는 자에게는 천대까지 은혜를 베푸느니라6 너는 너의 하나님 여호와의 이름을 망령되이 일컫지 말라 나 여호와는 나의 이름을 망령되이 일컫는 자를 죄 없다 하지 아니하리라7 안식일을 기억하여 거룩히 지키라8 엿새 동안은 힘써 네 모든 일을 행할 것이나9 제 칠 일은 너의 하나님 여호와의 안식일인즉 너나 네 아들이나 네 딸이나 네 남종이나 네 여종이나 네 육축이나 네 문 안에 유하는 객이라도 아무 일도 하지 말라10 이는 엿새 동안에 나 여호와가 하늘과 땅과 바다와 그 가운데 모든 것을 만들고 제 칠 일에 쉬었음이라 그러므로 나 여호와가 안식일을 복되게 하여 그 날을 거룩하게 하였느니라11 네 부모를 공경하라 그리하면 너의 하나님 나 여호와가 네게 준 땅에서 네 생명이 길리라12 살인하지 말찌니라13 간음하지 말찌니라14 도적질하지 말찌니라15 네 이웃에 대하여 거짓 증거하지 말찌니라16 네 이웃의 집을 탐내지 말지니라 네 이웃의 아내나 그의 남종이나 그의 여종이나 그의 소나 그의 나귀나 무릇 네 이웃의 소유를 탐내지 말찌니라17"(출 20:1~17)

제3장

십계명과 예배

"하나님께서는 왜 십계명을 주셨죠?"

어릴 적 필자의 질문에 어머니는 이렇게 대답해주셨습니다.

"응, 그것은 하나님께서 수많은 율법과 계명 중에서 가장 중요한 열 개를 말씀해 주신거야."

다시 질문했습니다.

"그럼 열한 번째로 중요한 계명은 뭐예요?"

그때 어머니는 그 다음 말을 잇지 못하셨습니다. 혹시 여러분도 이렇

게 생각하십니까? 십계명은 율법 중에서 가장 중요한 열 개의 계명이
라고요.

사실 십계명은 율법 중 가장 중요한 계명들이 아니라 **율법 전체의 요
약**입니다. 즉 일종의 압축파일과 같습니다. 첫 번째 계명이 가장 중요
하고, 마지막 열 번째 계명은 아슬아슬하게 커트라인을 겨우 통과한
계명이라는 식으로 생각해서는 안 됩니다.

제1장에서 우리는 시내 산에서의 언약식(출 19~24장)을 통해 예배의
원리를 살폈습니다. 이 본문 가운데는 십계명이 포함되어 있습니다(출
20:1~17). 그렇다면 십계명도 예배와 관련이 있지 않겠습니까? 이번 장
에서 우리가 살필 내용이 바로 그것입니다.

┃ 구원에 대한 마땅한 반응인 예배

시내 산 꼭대기에 강림하신 하나님께서는 십계명을 반포하실 때, 맨
앞에 이 말씀을 먼저 하셨습니다.

> "나는 너를 애굽 땅, 종 되었던 집에서 인도하여 낸 너의 하나님 여호와
> 로라"(2절)

하나님께서는 언약백성들에게 순종을 요구하시기 전에, 그분이 먼저
그들을 위해 하신 일을 말씀하셨습니다. 그분은 언약백성들을 애굽에
서 구원하셨습니다. 그들이 하나님을 사랑하기 전에, 하나님께서 먼저
그들을 사랑하여 구원해주신 것이 순종을 요구하시는 근거입니다.

> "사랑은 여기 있으니 우리가 하나님을 사랑한 것이 아니요 오직 하나님

이 원리는 예배에서도 동일합니다. 하나님께서는 우리에게 순종의 한 방식으로 그분께 예배할 것을 요구하십니다. 그러나 **구원이 예배의 근거입니다. 예배는 구원의 결과입니다.**

우리는 구원받기 위해 예배하지 않습니다. 구원받은 결과로 마땅히 우리를 구원하신 하나님께 예배합니다. 그분을 칭송하며, 높여드립니다. 그분은 우리에게 말씀(설교)과 성례를 통해 은혜를 베풀어주십니다. 이런 의미에서 볼 때, **예배는 본질적으로 하나님과 구원받은 백성 사이의 언약의 교제입니다.** 한국 교회 안에는 한때 하나님께서는 구원받지 못한 자들의 예배를 기뻐하신다는 소위 '열린 예배'의 열풍이 불었습니다. 그러나 하나님께서는 구원의 결과로 예배를 요구하셨습니다. 교회 바깥의 불신자들이 초청되어 그 자리에 앉아 있다 하더라도, 예배는 본질적으로 구원받은 자의 순종의 행위입니다. 같은 자리에 앉아 다함께 찬송하고, 다함께 기도한다 하더라도 하나님께서는 예수 그리스도를 구주로 믿는 자들의 예배를 받으십니다.

| 관계: 하나님 사랑, 이웃 사랑

대교리문답은 십계명을 그 내용에 기초하여 둘로 나누는데, 다음과 같습니다.

답: 도덕법은 십계명에 요약적으로 들어있습니다. 십계명은 하나님께서 시내 산 위에서 음성으로 말씀하시고 두 돌판에 친히 써주신 것으로, 출애굽기 20장에 기록되어 있습니다. 첫 네 계명은 하나님에 대한 우리의 의무를, 나머지 여섯 계명은 사람에 대한 우리의 의무를 담고 있습니다."(대교리 제98문)[1]

대교리문답의 설명대로라면, 다음과 같은 구조가 될 것입니다.

| 1~4계명 하나님과의 관계 | 5~10계명 사람과의 관계 |

그림 1. 십계명의 구조: 관계를 중심으로

우리는 이를 통해 십계명 전체가 **'하나님 사랑, 이웃 사랑'**으로 요약된다는 사실을 발견합니다. 예수 그리스도께서 친히 이를 확증해주셨습니다.

"예수께서 가라사대 네 마음을 다하고 목숨을 다하고 뜻을 다하여 주 너의 하나님을 사랑하라 하셨으니[37] 이것이 크고 첫째 되는 계명이요[38] 둘째는 그와 같으니 네 이웃을 네 몸과 같이 사랑하라 하셨으니[39] 이 두 계명이 온 율법과 선지자의 강령이니라[40]"(마 22:37~40)

예배는 본질적으로 **하나님과 그분의 언약백성 사이의 깊은 사랑**을 담보합니다. 하나님에 대한 사랑이 없는 예배는 그분을 기쁘시게 하지

---

1) 하이델베르크 교리문답 역시 동일한 내용을 고백합니다.
　"제93문: 십계명은 어떻게 나뉩니까?
　답: 두 부분으로 나뉩니다. 처음 부분은 하나님에 대한 우리의 태도를 가르치며, 둘째 부분은 이웃에 대한 우리의 의무를 가르칩니다."

못합니다. 하나님께서는 아무런 애정 없이, 아무런 설렘 없이 그 자리에 있는 자들의 예배를 받지 않으십니다. 밥 한 끼 차려줬으니 자신의 도리를 다했다고 주장하는 아내를 기뻐할 남편은 없습니다. 온 가족이 식탁에 앉아 함께 먹어야 합니다. 사랑의 대화를 나눠야 합니다. 남편과 아내가, 그리고 자녀들이 모두 함께 이 사랑의 교제에 참여해야 합니다. 십계명은 본질적으로 **사랑의 계명**이기 때문입니다.

| 거룩한 행위: 거룩한 예배와 거룩한 삶

이뿐 아니라 십계명을 다섯 개의 계명씩 양분하여 살피는 것도 유익합니다. 이는 두 가지 측면에서의 **'거룩한 행위'**를 보여줍니다. **거룩한 예배**(공예배)**와 거룩한 삶**(예배하는 삶)이 그것입니다. 이 둘 모두 예배와 관련되어 있습니다.

§ 거룩한 예배(공예배)	§ 거룩한 삶(예배하는 삶)
1계명 예배의 대상	6계명 생명의 거룩성
2계명 예배의 방법	7계명 가정의 거룩성
3계명 예배의 태도와 중심	8계명 재산의 거룩성
4계명 예배의 시간	9계명 진리와 명예의 거룩성
5계명 신앙의 상속/계승/보호;	10계명 죄의 근본인 탐심 제거;
예배의 영속성,	죄의 근원(뿌리)과 영속성,
참된 권위[2]	참된 거룩[3]

그림 2. 십계명의 구조: 거룩한 행위를 중심으로

2) 권위에 대한 거역은 신앙의 상속과 계승을 저해하여 예배의 영속성을 가로막습니다. 아담과 하와의 첫 범죄는 하나님의 권위에 대한 도전, 즉 그분의 말씀으로 금하신 나무의 실과를 먹은 것입니다.
3) 탐심은 죄의 영속성을 시사하는데, 죄가 근본적으로 인간의 행위 이전에 마음 깊은 곳에서부터 시작됨을 보여줍니다. 인간의 마음에서부터 우러나오는 이 죄의 뿌리는 거룩의 영속성을 가로막습니다.

십계명은 올바른 예배야말로 올바른 삶으로 이어지는 출발점이라는 사실을 보여줍니다. 어떤 사람들은 이렇게 말합니다.

"예배만 드리면 뭐하나. 삶이 거룩해야지."

그 말이 꼭 틀린 것은 아니지만, 정확한 말도 아닙니다. **거룩한 삶은 예배에서부터 출발합니다.** 십계명은 하나님의 뜻에 합당한 예배생활 없이는 하나님의 뜻에 합당한 삶이 존재할 수 없음을 보여줍니다. 구약시대 이스라엘의 도덕적 타락은 예배 타락에서부터 시작되었습니다. 중앙 성소인 성막/성전에서의 예배 타락이 온 나라로 확장되어 이스라엘이 거주하던 성, 마을, 그리고 각 가정과 개인으로 번져나갔습니다. 그래서 예배의 중심인 하나님의 집(성막/성전)에서부터 심판이 시작되고, 개혁이 이루어져야 했습니다(참고. 렘 7:1~15; 마 24:1~2; 막 13:1~2; 눅 21:5~6; 요 2:13~22; 벧전 4:17).

| 거룩한 장소: 성소와 땅

우리는 '**거룩한 장소**'라는 주제로 십계명을 조망할 수도 있습니다. 즉, 두 종류의 '거룩한 장소'로 구분하여 생각할 수 있습니다. **거룩한 성소와 거룩한 땅**이 그것입니다. 거룩한 성소에 거하시는 거룩하신 하나님께서는 거룩한 땅에 사는 거룩한 백성들로부터 예배를 받기 원하시며(성소), 그들을 통치하십니다(가나안 땅).

§ 성소에서의 거룩(안식일과 절기들)	§ 땅에서의 거룩(주중의 삶)
1계명 예배의 대상 **2계명** 예배의 방법 **3계명** 예배의 태도와 중심 **4계명** 예배의 시간 **5계명** 예배를 위한 권위 (직분적 사역)	**6계명** 이웃의 생명 **7계명** 이웃의 가정 **8계명** 이웃의 재산 **9계명** 이웃의 명예 **10계명** 탐심: 거룩을 방해하는 죄의 권세 (마음에서 우러난 순종 마음에서부터 거역하는 불순종)

그림 3. 십계명의 구조: 거룩한 장소(성소와 땅)를 중심으로

오늘날에는 이 땅 위에 건물로 지어진 성소가 없습니다. 신약시대의 새 성전은 교회인데, 이 교회는 사람을 재료로 건축되는 사람 성전이기 때문입니다(고전 3:16~17, 6:19~20; 엡 2:20~22; 벧전 2:5). 이뿐 아닙니다. 오늘날에는 더 이상 가나안 땅과 같은 거룩한 땅 역시 없습니다. 가나안 땅은 하나님께서 이스라엘에게 주신 기업이었습니다. 그러나 신약시대에는 더 이상 어느 한 지정된 땅이 기업이 아닙니다. 하나님께서는 교회를 새로운 기업으로 주셨고, 또한 이 교회는 예수 그리스도께서 재림하실 때 완성될 영원한 기업을 바라보며 살고 있습니다(참고. 레 25:23; 행 4:33~37; 웨스트민스터 신앙고백서 19:4).[4]

그러나 구약시대와 신약시대의 이러한 차이점이 있더라도, 십계명의 구조가 보여주는 원리는 지금도 동일합니다. **올바른 예배생활은 거룩한 삶을 위한 출발점**이 됩니다. 성소에서의 거룩한 예배가 가나안 땅에서의 거룩한 삶을 위한 기초입니다. 가나안 땅에서의 거룩한 삶은

---

4) 초대교회 성도들은 구약시대에 매매가 금지된 토지를 팔아서 사도들의 발 앞에 가져오는 이유가 바로 여기에 있습니다. 예수 그리스도와 그분의 몸 된 교회야말로 새 언약의 백성들이 현세에 받는 기업이기 때문입니다. "하나님께서는 정치 조직체이기도 한 이스라엘 백성에게 여러 가지 재판법도 주셨는데, 이것은 그 백성의 신분과 함께 폐지되었다. 이제 이 법은 일반적인 공정성이 요구하는 것 말고는 누구에게도 더 이상 구속력을 지니지 않는다."(웨스트민스터 신앙고백서 19:4)

성소에서의 거룩한 예배 없이 담보되지 않습니다.

이스라엘을 보십시오. 그들의 타락은 예배의 변질로부터 시작됩니다. 그리고 마침내 생활의 타락으로 이어집니다. 성소의 타락한 예배가 가나안 땅 전역에서의 도덕적 타락으로 번져나갑니다. 오늘날의 교회 역시 마찬가지입니다. 한국 교회는 도덕적으로 타락했다는 말을 종종 듣습니다. 그래서 그런지 한국 교회의 설교자들은 자주 도덕성 회복에 대해 설교합니다. 그러나 많은 사람들이 간과하고 있는 것이 있습니다. 교회의 도덕적 타락의 배후에는 예배의 변질이 있다는 사실입니다[5].

16세기 개혁자들의 시대에도 유럽 전역에는 도덕적 타락이 만연합니다. 개혁자들은 이 도덕적 타락이 교황청의 예배 타락, 그리고 성경 교리의 왜곡과 맞물려 있다는 사실을 간파합니다. 교회를 회복하기 위해 루터, 츠빙글리, 칼빈 등 개혁자들이 가장 먼저 단행한 것이 무엇인지 아십니까? 예배 개혁입니다. 그들은 모두 예배 개혁 없이는 교회의 도덕성을 회복할 방법이 없다는 사실을 인식하고 있었던 것입니다. 오늘날도 마찬가지입니다. **성경적 예배의 회복 없이는 도덕적 회복이라는 열매를 산출할 수 없습니다.** 십계명의 구조에서 볼 수 있듯이, 이 둘은 한데 결합되어 있기 때문입니다.

| 공예배에서 주중의 삶으로

이상의 내용들을 종합하여 **공예배와 주중의 삶**을 서로 연결하여 생각할 수 있습니다.

---

5) 필자는 이 원리를 일찍이 기독교보에 기고한 바 있습니다. 권기현, "기독교인의 성문화", 기독교보 No.1184(2015.10.17.), 2페이지를 참고하십시오.

§ 공예배	§ 주중의 삶
1계명(예배의 대상) 하나님의 절대적 지위	6계명 인간의 상대적 지위
2계명(예배의 방법) 영적 간음	7계명 인간 사이의 간음
3계명(예배의 태도와 중심) 하나님의 이름 절도	8계명 이웃의 재산 절도
4계명(예배의 시간) 하나님 앞의 서약	9계명 재판관 앞의 서약
5계명(예배의 상속) 권위에 대한 탐심	10계명 이웃의 것에 대한 탐심

그림 4. 십계명의 구조: 공예배와 주중의 삶을 중심으로

개혁신앙의 가장 큰 특징 중 하나는 거룩한 예배와 거룩한 삶을 균형 있게 강조한다는 점입니다. 하나님께 올려드리는 참 예배는 성도들의 삶이 거룩한 산 제사가 되도록 확장하는 원동력이 됩니다(롬 12:1). 즉, **거룩한 예배는 거룩한 삶의 원천이며, 후자는 전자의 결과요 열매입니다.**

그러나 한 가지, 우리가 잊지 말아야 할 것이 있습니다. 우리 자신의 지혜와 능력으로는 이 율법의 말씀을 도저히 지킬 수 없다는 사실입니다. 우리를 구원하신 분도 하나님이시지만, 우리를 인도하시는 분도 하나님이십니다. 우리에게 구원 얻는 믿음을 주신 분도 하나님이시지만, 우리에게 순종할 지혜와 능력을 제공하시는 분도 하나님이십니다.

① 성부의 구원 계획(작정)

② 성자를 통한 구속(성취)

③ 성령을 통한 적용과 완성(효력 있는 부르심)

우리의 구원의 시작뿐 아니라 그 과정과 완성까지도 오직 삼위 하나님의 은혜로만 가능합니다. 그러므로 우리는 순종 후에도 결코 자신의 공로와 행위를 자랑할 수 없으며, 오직 삼위 하나님만을 높여드려야 합니다.

오직 하나님께 영광Soli Deo Gloria!

1. 하나님께서 십계명의 서문(출 20:2)을 말씀하신 이유가 무엇입니까?

2. 대교리문답은 십계명을 어떻게 분류합니까? 그리고 예수님께서는 십계명을 어떻게 요약하십니까?

3. 십계명을 공예배와 예배하는 삶으로 분류해서 설명해보십시오.

4. 교회의 도덕적 타락은 예배의 변질과 어떤 관계를 가지고 있습니까?

5. 십계명을 해설한 소교리 제39~81문답을 읽어보십시오. 평소에 자신이 생각하는 내용과 얼마나 일치하는지, 또는 차이가 있는지 확인해 봅시다.

6. 한 걸음 더 중세 말 교황청과 로마 천주교의 극심한 도덕적 타락 속에서, 16세기 개혁자들(루터, 츠빙글리, 칼빈 등)이 가장 시급하게 개혁한 것은 예배 개혁이었습니다. 이것이 십계명의 원리와 어떤 관련이 있습니까?

금송아지와 예배

"백성이 모세가 산에서 내려옴이 더딤을 보고 모여 아론에게 이르러 가로되 일어나라 우리를 인도할 신을 우리를 위하여 만들라 이 모세 곧 우리를 애굽 땅에서 인도하여 낸 사람은 어찌 되었는지 알지 못함이니라1 아론이 그들에게 이르되 너희 아내와 자녀의 귀의 금고리를 빼어 내게로 가져오라2 모든 백성이 그 귀에서 금고리를 빼어 아론에게로 가져오매3 아론이 그들의 손에서 그 고리를 받아 부어서 각도로 새겨 송아지 형상을 만드니 그들이 말하되 이스라엘아 이는 너희를 애굽 땅에서 인도하여 낸 너희 신이로다 하는지라4 아론이 보고 그 앞에 단을 쌓고 이에 공포하여 가로되 내일은 여호와의 절일이니라 하니5 이튿날에 그들이 일찌기 일어나 번제를 드리며 화목제를 드리고 앉아서 먹고 마시며 일어나서 뛰놀더라6"(출 32:1∼6)

"너를 위하여 새긴 우상을 만들지 말고 또 위로 하늘에 있는 것이나 아래로 땅에 있는 것이나 땅 아래 물 속에 있는 것의 아무 형상이든지 만들지 말며4 그것들에게 절하지 말며 그것들을 섬기지 말라 나 여호와 너의 하나님은 질투하는 하나님인즉 나를 미워하는 자의 죄를 갚되 아비로부터 아들에게로 삼 사대까지 이르게 하거니와5 나를 사랑하고 내 계명을 지키는 자에게는 천대까지 은혜를 베푸느니라6"(출 20:4∼6)

금송아지와 예배

중세 말 로마 천주교의 극심한 타락상을 한 번쯤 들어보지 않은 이는 별로 없을 것입니다. 그러나 그때가 예배와 종교적 광풍의 시대였다는 사실을 아는 이는 적습니다. (면죄부로 자주 번역되는) 면벌부 판매, 성상과 성물 숭배, 고행과 성지 순례 등은 당대 사람들의 종교생활에 대한 열심이 얼마나 대단했는지 가히 짐작케 합니다.

성경에 기록된 이스라엘의 역사도 크게 다르지 않습니다. 이스라엘의 배교는 크게 두 가지로 나타납니다. 하나는 바알과 아스다롯, 아세라, 몰록, 그모스, 밀곰 등 주위 이방 족속의 신들을 섬기는 배교입니다(제1계명). 다른 하나는 중세 로마 천주교와 비슷한 형태의 배교입니다(제2계명). 여호와 하나님께 열심히 제사를 드리지만, 정작 그분의 계시와는 무관한 예배입니다. 오죽하면 하나님께서 이렇게 말씀하셨겠습니까?

하나님께서는 열심히 예배하는 것 이상으로 그분이 계시하신 말씀에 합당한 예배를 원하십니다. 하나님께서는 그분의 뜻과 무관하게 열심히 예배하는 것에 대해 90점이나 80점, 또는 50점을 주시지 않습니다. 오히려 그 예배를 가리켜 '우상 숭배'라고 하십니다. 일종의 배교 행위로 보십니다. 그러한 자를 심판하십니다. 이번 장에서 우리가 살펴볼 사건은 그 대표적인 실례입니다.

| 한 순간의 감격, 급속한 배교

우리는 앞의 여러 장에서 시내 산 언약식(출 19~24장)에 기반하여 예배의 원리를 계속 살펴왔습니다. 하나님과 이스라엘이 시내 산에서 언약을 맺습니다. 온 이스라엘 백성들이 한 목소리로 신앙을 고백합니다.

산꼭대기에서는 십계명을 봉독하시는 여호와 하나님의 우렁찬 목소리가 있습니다. 그리고 산 아래에는 백성들의 힘찬 반응(신앙고백)이 있습니다. 이 얼마나 감격스러운 순간입니까? 아브라함과 이삭과 야곱과 요셉을 비롯한 선조들이 그토록 바라고 기다리던 순간 아닙니까? 하늘의 별과 같이, 바다의 모래같이 수많은 백성들의 힘찬 함성! 이제부터 우리의 구원자이신 여호와 하나님께 충성을 다하겠다고 피를 토하듯 외치는 음성!

이로부터 약 1500년 후, 유대인들의 종교 법정인 산헤드린(공회)[1] 앞에 선 스데반은 이 이스라엘 백성들을 가리켜 **"광야 교회"**라고 부릅니다.

> "시내 산에서 말하던 그 천사와 및 우리 조상들과 함께 **광야 교회**에 있었고 또 생명의 도를 받아 우리에게 주던 자가 이 사람이라"(행 7:38)

그들은 애굽에서, 홍해에서, 그리고 이곳 시내 산까지 오는 동안 여호와께서 행하시는 각종 이적들을 체험합니다. 며칠 전 도착한 바로 이곳 시내 산은 여호와께서 강림하여 십계명을 선포하신 성산(聖山)입니다(출 20:1~17). 또한 이곳은 모세의 집례로 하나님과 이스라엘이 서로 언약을 체결한 혼인예식장입니다(출 24장). 하객으로 참석한 칠십 명의 장로들이 이 모든 과정을 보고, 먹고 마심으로써 이 혼인예식의 증인이 된 장소입니다.

> "모세와 아론과 나답과 아비후와 이스라엘 장로 칠십 인이 올라가서。이스라엘 하나님을 보니 그 발 아래에는 청옥을 편 듯하고 하늘같이 청명하더라10 하나님이 이스라엘의 존귀한 자들에게 손을 대지 아니하셨고

---

1) 헬라어로는 "συνέδριον(쉬네드리온)"인데, 한글개역성경과 한글개역개정성경에서는 주로 "공회"로 번역되었습니다. 이는 옛 언약공동체인 이스라엘의 최고 종교회의입니다.

그러나 이 음탕한 신부 이스라엘은 배교합니다. 모세가 산꼭대기에 올라가 영광의 구름 속으로 사라진 지 얼마 지나지 않아 그들은 금송아지를 만들어 예배합니다. 그 지긋지긋한 애굽의 종살이에서 벗어난 지 100일도 채 지나지 않았는데…. 신랑이신 하나님과 혼인한 지 40일도 채 지나지 않았는데….

| 구속사 전반에 나타나는 교회의 배교

사실 교회의 급속한 배교는 어느 한 시대, 어느 한 지역의 일이 아닙니다. 최초의 인류이자 교회인 아담과 하와가 그러합니다(창 3장). 광야시대 내내 많은 이들의 배교가 발생했으며, 이는 새 언약백성들에게도 발생할 사건들에 대한 본(τύπος, 튀포스, 모형, type)이 됩니다(고전 10:5~11).[2] 모세의 후계자 여호수아가 죽자, 바로 그 다음 세대에서 배교가 발생합니다(삿 2:6~15). 경건한 왕들의 사악한 아들들이 대를 이어 왕이 될 때도 그러합니다. 그리고 마침내 북 이스라엘은 앗수르에게, 남 유다는 바벨론에게 멸망하여 포로로 끌려갑니다.

구약시대뿐 아닙니다. 배교는 신약 교회 안에서도 발생합니다. 사도시대에 첫 번째 선교지 곳곳에서 이러한 일들이 발생합니다. 이 문제

---

2) 헬라어 단어 "τύπος(튀포스)"는 '본/모형(mold/pattern/model/type/form/figure/example)'이라는 뜻인데, 고린도전서 10:5~11에서는 "거울"(한글개역성경) 또는 "본보기"(한글개역개정성경)로 번역되었습니다.
"… 그런 일은 우리의 **거울**[τύποι(튀포이)]이 되어 우리로 하여금 저희가 악을 즐겨한 것 같이 즐겨하는 자가 되지 않게 하려 함이니6 … 저희에게 당한 이런 일이 **거울**[τυπικῶς(튀피코스) 또는 τύποι(튀포이)]이 되고 또한 말세를 만난 우리의 경계로 기록하였느니라11"(고전 10:6,11)

로 인해 세계 최초의 교회 연합인 예루살렘 공회가 소집됩니다(행 15장).[3] 공회의 결의를 편지로 써서 전 세계 각 선교지의 교회에게로 보냅니다(행 15:22 이하). 이는 바울의 제2차 선교사역의 동기가 됩니다(행 15:23,36,40~41, 16:4~5). 히브리서 저자가 수신자들에게 편지를 보낸 이유 중 하나는 새 언약(교회)으로 들어온 자들 중 많은 이들이 다시 옛 언약(회당)으로 돌아가는 배교 때문입니다. 교회의 타락은 때때로 천천히 다가오기도 하지만, 이렇게 급속히 다가오기도 합니다. 사도 바울이 갈라디아 여러 지역 교회들(갈 1:2)[4]과 고린도교회에게 보낸 이 말씀들은 초대교회의 상황을 단적으로 요약해줍니다.

"그리스도의 은혜로 너희를 부르신 이를 이같이 속히 떠나 다른 복음 좇는 것을 내가 이상히 여기노라"(갈 1:6)

"만일 누가 가서 우리의 전파하지 아니한 다른 예수를 전파하거나 혹 너희의 받지 아니한 다른 영을 받게 하거나 혹 너희의 받지 아니한 다른 복음을 받게 할 때에는 너희가 잘 용납하는구나[4] … 너희는 지혜로운 자로서 어리석은 자들을 기쁘게 용납하는구나[19]"(고후 11:4,19)

---

3) 교회 연합은 둘 또는 그 이상의 지역교회가 단순히 어떤 행사를 하기 위한 모임을 의미하지 않습니다. 사도가 전한 복음(Apostolic Gospel) 위에서 신앙의 일치를 확인하기 위한 모임 또는 노력을 의미합니다. 노회(presbytery)와 총회(general assembly)가 교회 연합의 대표적인 모임입니다.
4) 갈라디아서는 한 지역 교회가 아니라 갈라디아라는 큰 지역 안에 있는 여러 교회들에게 보낸 서신입니다. 갈라디아는 도시 이름이 아니라 여러 도시들을 포함한 큰 지역입니다.
"함께 있는 모든 형제로 더불어 갈라디아 여러 교회들에게"(갈 1:2)

이스라엘의 금송아지 숭배에는 두드러진 특징이 있습니다. **타종교로의 배교가 아닌 예배의 배교**라는 점입니다. 백성들은 여호와 하나님을 더 열심히 섬기고 싶어 합니다. 이 열심이 하나님께서 금하신 형상을 만들어 예배하는 결과를 초래합니다. 그들은 구원자를 갈망합니다.

> "백성이 모세가 산에서 내려옴이 더딤을 보고 모여 아론에게 이르러 가로되 일어나라 우리를 인도할 신을 우리를 위하여 만들라 이 모세 곧 우리를 애굽 땅에서 인도하여 낸 사람은 어찌 되었는지 알지 못함이니라[1] … 아론이 그들의 손에서 그 고리를 받아 부어서 각도로 새겨 송아지 형상을 만드니 그들이 말하되 이스라엘아 이는 너희를 애굽 땅에서 인도하여 낸 너희 신이로다 하는지라[4]"(출 32:1,4)

그들은 예배를 열렬히 사모합니다. 그래서 예배의 날을 정하여 성수합니다.

> "아론이 보고 그 앞에 단을 쌓고 이에 공포하여 가로되 내일은 여호와의 절일이니라 하니"(출 32:5)

그들은 금송아지 건축을 위해 자신의 각종 귀금속까지도 아끼지 않고 드리며, 금송아지 봉헌식에서도 다시 희생제물을 드리는 놀라운 헌신을 보입니다.

> "아론이 그들에게 이르되 너희 아내와 자녀의 귀의 금고리를 빼어 내게로 가져오라[2] 모든 백성이 그 귀에서 금고리를 빼어 아론에게로 가져오

매3"(2~3절)

"이튿날에 그들이 일찌기 일어나 번제를 드리며 화목제를 드리고…"(6절a)

이 좋은 날 어찌 성찬식을 빼먹을 수 있겠습니까?

"… 앉아서 먹고 마시며…"(6절b)

이렇게 예배하니 그들의 마음이 기쁨으로 충만합니다. 그래서 온 몸으로 춤추며 여호와께 영광 돌리려 합니다.

"… 일어나서 뛰놀더라"(6절c)

이 모든 배교의 과정 가운데는 타락한 직분자가 있습니다. 애굽에서부터 이제까지 중보자 모세의 대변인 역할을 한 아론(출 4:14~16)은 이제 배교자들의 대변인이 됩니다. 그들의 요구대로 우상을 만들고, 또 그들에게 흡족한 위대한 설교자, 예술가, 제사장이 됩니다. 오늘날에도 대중의 기호에 딱 들어맞는 이런 설교자가 넘쳐나지 않나요?

"아론이 그들의 손에서 그 고리를 받아 부어서 각도로 새겨 송아지 형상을 만드니 그들이 말하되 이스라엘아 이는 너희를 애굽 땅에서 인도하여 낸 너희 신이로다 하는지라"(4절)

금송아지 숭배에도 종교적 열심과 헌신이 있습니다. 설교와 성찬이 있습니다. 찬송과 기쁨이 넘칩니다. 주님의 절기를 지키는 주일성수,

그리고 이 행사를 위해 총동원된 교인들이 있습니다. 이 모든 것을 주도하는 직분자가 있습니다. 그러나 하나님께서는 이를 '배교'라 여기십니다.

그 이유는 단 하나입니다. 그분이 **말씀으로 정하신 예배**가 아니기 때문입니다. 이스라엘 백성들이 금송아지를 섬기고 있던 그 시각, 하나님께서는 시내 산 꼭대기 구름 속에서 모세에게 예배를 가르치고 계셨습니다. 하나님께서는 그에게 성막 규례들을 매우 꼼꼼히 설명하고 계셨습니다. 그 이유가 무엇입니까? 하나님께서 가르쳐주신 대로 예배해야 그분이 만족하시기 때문입니다. 그렇게 예배하지 않으면 배교 행위로 간주하시기 때문입니다. 그런 예배를 우상숭배로 여기시기 때문입니다. 이런 예배를 드리면, 하나님께서 섭섭하게 여기신다고요? 천만에요. 그분은 격노하십니다.

오늘날 한국의 그리스도인들은 열심히 예배하는 것을 강조하지만, 정작 바르게 예배하는 것에는 깊은 관심을 갖지 않는 경향이 있습니다. 이는 신앙생활에 있어서 그냥 조그만 구멍이 나 있는 정도가 아닙니다. 이런 태도는 하나님의 진노를 격발시킵니다. 이것이 십계명의 두 번째 계명이 가르치는 바입니다.

"너를 위하여 새긴 우상을 만들지 말고 또 위로 하늘에 있는 것이나 아래로 땅에 있는 것이나 땅 아래 물 속에 있는 것의 아무 형상이든지 만들지 말며₄ 그것들에게 절하지 말며 그것들을 섬기지 말라 나 여호와 너의 하나님은 질투하는 하나님인즉 나를 미워하는 자의 죄를 갚되 아비로부터 아들에게로 삼 사대까지 이르게 하거니와₅ 나를 사랑하고 내 계명을 지키는 자에게는 천대까지 은혜를 베푸느니라₆"(출 20:4~6)

소교리문답이 이를 어떻게 고백하고 있는지 보십시오.

"문: 제2계명에서 요구하는 것은 무엇입니까?
답: 제2계명에서 요구하는 것은 **하나님께서 그분의 말씀에 정하신 대로 모든 종교적 경배와 규례를 받아서 준수하고, 순전하고 흠 없이 지키는 것입니다.**"(소교리 제50문답)

"문: 제2계명에서 금하는 것은 무엇입니까?
답: 제2계명에서 금하는 것은 형상을 가지고 하나님을 경배하거나 **그분의 말씀에 정하지 아니한 다른 방법으로 경배**하는 것입니다."(소교리 제51문답)

| 변명할 수 없는 이스라엘과 우리

모세가 자리를 비웠으니 이스라엘 백성들의 심정이 이해가 된다고요? 천만의 말씀입니다. 그들에게는 은혜의 무더기들이 있었습니다. 중보자가 자리를 비운 시기에도 하늘에서 땅으로 매일 만나가 내렸습니다. 그들은 매일 기적을 체험하며 살았습니다. 그리고 그렇게 매일 내리던 만나는 신기하게도 예배의 날(안식일)에만 내리지 않았습니다. 이것 역시 기적입니다.

이뿐 아닙니다. 모세는 그들 눈앞에 보이지 않지만, 산꼭대기에는 여전히 여호와의 불타는 구름이 있었습니다. 그들의 눈앞에 하나님의 영광의 광채가 보였습니다. 그들 중에는 설교자와 치리자들도 있었습니다. 모세와 함께 언약식에 참가했던 그 봉사자들 말입니다. 아론과 그의 아들들, 그리고 칠십 명의 장로들이 그들 가운데 있었지만, 그들은 잠잠하거나 이 배교에 적극적으로 협조했습니다. 역사상 이보다 더 큰 은혜, 더 좋은 조건을 가진 민족이 전 세계 그 어디에 있던가요?

"하나님을 더 열심히, 더 잘 섬기려고 한 일입니다."

그러나 하나님의 심판에는 정상참작이 없습니다. 그들은 '배교자'가 되었습니다.

영원한 중보자께서 하늘에 계시는 동안, 이 땅 위의 교회 역시 이 경고 앞에 있다는 사실을 기억하십시오. 그리스도께서도 이 땅 위의 교회에 구약시대보다 더 풍성한 은혜의 무더기들을 선물로 주셨습니다. 교회 안에 목사와 장로와 집사가 있습니다. 설교와 성례와 기도라는 은혜의 방편(수단)들이 있습니다. 하늘에는 왕을, 손에는 성경을, 우리 속에는 성령님을 선물로 주셨습니다.

그런데도 그냥 열심히만 예배하겠다고요? 착각하지 마십시오. 하나님께서는 그분이 정하신 뜻과 무관하게 예배하는 자들에게 은메달이나 동메달을 주는 대신, 그들을 심판하십니다. 성경이 예배를 무엇이라 가르치는지 배우십시오. 신앙고백과 교리문답을 읽으십시오. 우리의 구원자 하나님을 바르게 아는 지식을 달라고 기도하십시오. 말씀 사역자들이 여러분의 눈치를 보는 대신 깨어 있어 성경을 연구하고, 오직 하나님만을 두려워하여 설교하도록 그들을 위해 기도하십시오.

1. 성경에서 급속한 배교가 나타난 실례를 들어보십시오. 이를 나의 모습과 비교해보십시오.

2. 금송아지 숭배는 타종교로의 배교가 아니라 어떤 형태의 배교였습니까?

3. 하나님께서 이스라엘의 금송아지 숭배를 기뻐하지 않으시고, 오히려 진노하신 이유는 그것이 (   )께서 (   )하신 예배가 아니었기 때문입니다.

4. 소교리문답은 제2계명에 대해 어떻게 설명합니까?

5. 성경대로 바르게 예배하기 위해 나에게 필요한 것이 무엇입니까? 서로의 생각을 나누어봅시다.

6. 한 걸음 더 노회와 신학교에서 신학생들을 검증하는 일의 중요성에 대해 생각해봅시다. 또한 장로고시의 중요성에 대해서도 생각해봅시다.

돌 성전에서 사람 성전으로

"주께서 전에 말씀하시기를 내 이름이 거기 있으리라 하신 곳 이 전을 향하여 주의 눈이 주야로 보옵시며 종이 이곳을 향하여 비는 기도를 들으시옵소서29 종과 주의 백성 이스라엘이 이곳을 향하여 기도할 때에 주는 그 간구함을 들으시되 주의 계신 곳 하늘에서 들으시고 들으시사 사하여 주옵소서30"(왕상 8:29~30)

"우리 조상들은 이 산에서 예배하였는데 당신들의 말은 예배할 곳 이 예루살렘에 있다 하더이다20 예수께서 가라사대 여자여 내 말을 믿으라 이 산에서도 말고 예루살렘에서도 말고 너희가 아버지께 예배할 때가 이르리라21 너희는 알지 못하는 것을 예배하고 우리는 아는 것을 예배하노니 이는 구원이 유대인에게서 남이니라22 아버지께 참으로 예배하는 자들은 신령과 진정으로 예배할 때가 오나니 곧 이때라 아버지께서는 이렇게 자기에게 예배하는 자들을 찾으시느니라23 하나님은 영이시니 예배하는 자가 신령과 진정으로 예배할찌니라24"(요 4:20~24)

"너희는 사도들과 선지자들의 터 위에 세우심을 입은 자라 그리스도 예수께서 친히 모퉁이 돌이 되셨느니라20 그의 안에서 건물마다 서로 연결하여 주 안에서 성전이 되어 가고21 너희도 성령 안에서 하나님의 거하실 처소가 되기 위하여 예수 안에서 함께 지어져 가느니라22"(엡 2:20~22)

돌 성전에서 사람 성전으로

필자의 어린 시절, 예배당은 마을에서 가장 크고 높은 건물이었을 뿐 아니라 최고의 놀이터이기도 했습니다. 관리집사 − 당시에는 '사찰집사'라 부르던 − 님이 예배당 마당 종탑 줄에 매달려 공중으로 한 길쯤이나 올라갔다 내려오면 '괘앵, 괭'하는 종소리가 마을 전체를 휘감았습니다. 교회의 어르신들은 누구나 할 것 없이 마을의 중심이자 가장 큰 건물인 예배당을 가리켜 '하나님의 성전'이라 불렀습니다. 행여나 아이들이 강단에 올라가기라도 하면 하나님의 성소를 더럽힌다며 눈물이 핑 돌 정도로 꾸중을 들었습니다.

예배당과 예배에 사용하는 기물들을 소중히 여기는 태도는 선합니다. 그렇다고 해서 그 건물이나 기물 자체 또는 그 장소가 더 거룩한 것은 아닙니다. 하나님께 예배하는 교회, 즉 우리가 거룩한 성전입니다.

구약성경은 예배의 장소와 방향을 규정합니다. 옛적에 하나님께서는 모세를 통해 이스라엘 백성들이 최소한 1년에 세 차례는 **성소** – 당시에는 성막, 솔로몬 이후에는 성전 – 에 와서 예배하라고 명하셨습니다.

"너의 중 모든 남자는 일 년 삼차 곧 무교절과 칠칠절과 초막절에 네 하나님 여호와의 택하신 곳에서 여호와께 보이되 공수로 여호와께 보이지 말고16 각 사람이 네 하나님 여호와의 주신 복을 따라 그 힘대로 물건을 드릴지니라17"(신 16:16~17; 참고. 2,6,11; 출 34:23~24; 신 12:5,11; 왕상 11:36)

물론 멀리 떨어져 사정상 방문하기 힘든 사람들에게 주신 규례(신 12:21~22)가 있긴 합니다. 그러나 구약시대에는 하나님께 예배하는 장소인 성소(성막)로 직접 오거나 그 성소를 향해 기도하는 것이 매우 중요했습니다. 여호수아의 인도로 이스라엘이 가나안 땅을 정복할 때, 이 성막을 '실로Shiloh'라는 지명에 세웁니다.

"이스라엘 자손의 온 회중이 **실로**에 모여서 거기 회막을 세웠으니 그 땅이 이미 그들의 앞에 돌아와 복종하였음이나"(수 18:1)

"하나님의 집이 **실로**에 있을 동안에 미가의 지은 바 새긴 신상이 단 자손에게 있었더라"(삿 18:31)

그러니 율법을 지키려면 이스라엘 백성들이 매년 실로의 성막에 예배하러 가야 합니다.

그로부터 몇 백 년이 지나 이스라엘 왕 솔로몬이 예루살렘에 성전을 건축합니다(주전 10세기 중엽[1]). 이때 그는 하나님께 이 성전을 봉헌하며 기도하는데(왕상 8:22~54), 이를 한 마디로 요약하면 다음과 같습니다.

"이 백성들이 주님의 이름이 깃든 이 예루살렘 성전을 향해 기도하면 들어주셔요!"(참고. 왕상 8:29~30)

솔로몬의 이 기도는 당시 사람들에게는 매우 충격적인 내용이었습니다. 왜냐하면 그 이전까지는 하나님의 이름을 두시려고 택하신 성소는 모세의 성막이었기 때문입니다. 그러나 이제 하나님께서는 실로의 성막 대신 예루살렘 성전을 택하셨습니다. 이 성전에 그분의 이름을 두셨습니다. 이렇게 예루살렘 성전은 모세의 성막보다 더 영광스러운 성소가 되었습니다. 그래서 이제부터 이스라엘 백성들은 성막으로 가는 대신 성전으로 가서 예배해야 합니다.[2] 그리고 멀리서도 이 성전이 있는 방향을 향해 기도해야 합니다.

솔로몬이 이렇게 기도한 지 어느덧 4백여 년이 지났습니다. 그가 죽은 지 얼마 지나지 않아 이스라엘은 남(유다)과 북(이스라엘)으로 양분되었습니다. 세월이 흘러 북 왕국 이스라엘은 앗수르에게(주전 722년경),

---

1) 열왕기상 6:1에 의하면, 솔로몬이 성전 건축을 시작한 때는 출애굽 후 약 480년이 지난 후입니다. 이는 주전 966년경으로 추정됩니다. 열왕기상 6:38에 의하면, 성전은 7년 만에 완공됩니다. 그러니 솔로몬이 기도한 때는 주전 959년경입니다.

2) 실로의 성막 대신 예루살렘(시온) 성전으로 와서 예배해야 한다는 이 놀라운 구속사적 전이에 대해서는 시편 78편, 특히 마지막 부분인 67~72절을 참고하십시오. 시편 132편 역시 이러한 관점에서 기록되었습니다. 하나님께서는 (새 모세인) 다윗을 이스라엘의 목자로, 성막이 있던 실로 대신 성전이 건축될 예루살렘(시온)을 새 성소로 선택하십니다.

남 왕국 유다는 바벨론에게 각각 멸망했습니다(주전 586년경). 예루살렘 성전이 완전히 파괴된 지도 벌써 50년이나 지났습니다.

그런데 예루살렘, 아니 가나안 땅에서 동쪽으로 멀리 떨어진 페르시아 제국(지금의 이란)의 한 집에서 기도소리가 들립니다. 아, 만일 이때 CCTV가 있었다면…. 그런데 성경은 마치 카메라 줌을 당기듯 그 기도소리가 흘러나오는 곳에 초점을 맞춥니다. 어떤 한 늙은이가 자기 집에서 예루살렘을 향해 창문을 열어놓고 기도하고 있습니다. 그것도 하루 세 번씩 말입니다. 그리고 얼마 지나지 않아 그는 왕의 명령을 받은 사람들에 의해 끌려가 사자들이 우글거리는 굴에 떨어집니다. 그의 이름은 다니엘입니다.

"다니엘이 이 조서에 어인이 찍힌 것을 알고도 자기 집에 돌아가서는 그 방의 **예루살렘으로 향하여 열린 창**에서 전에 행하던 대로 하루 세 번씩 무릎을 꿇고 기도하며 그 하나님께 감사하였더라"(단 6:10; 참고. 단 9장[3])

'꼭 예루살렘을 향해 기도해야 하나?' 고개를 갸웃할 필요가 없습니다. 하나님께서 이스라엘 백성들에게 모세의 율법, 그리고 솔로몬의 기도[4]를 통해 이미 오래 전부터 장소와 방향의 중요성을 계시해주셨기

---

3) 다니엘 9:1~20은 다니엘 6:10의 배경입니다. 다니엘은 바벨론 포로생활이 칠십 년 만에 끝나리라는 사실은 예레미야의 예언이 담긴 책을 통해 깨닫습니다. 그리고 그는 그 때부터 이를 위해 기도하기 시작합니다. 이런 와중에 다리오 왕이 삼십 일간의 기도 중단이라는 조서를 내렸고, 그는 이를 어겨 사자굴에 떨어집니다.

4) 솔로몬의 기도가 하나님의 계시라는 데는 이견이 없습니다. 성경에는 기도인 동시에 계시인 실례들이 꽤 많이 발견됩니다. 그 대표적인 실례는 시편입니다. 시편은 기도이자 찬송인 동시에 하나님의 말씀입니다. 누가복음 1장에 기록된 사가랴의 기도, 마리아의 기도 등도 동일합니다. 기도와 계시의 연관성에 대한 더 상세한 설명으로는 권기현, 『방언이란 무엇인가: 방언에 대한 다섯 가지 질문과 구속사적·교회론적·예배론

때문입니다. 솔로몬은 심지어 이렇게까지 기도합니다.

> "이 백성이 하나님께 죄를 지어 그 벌로 나라가 멸망하고, 먼 타국에 포
> 로로 끌려가 있더라도 제가 주님의 이름을 위해 건축한 이 성전 있는 쪽
> 을 향해 기도하면 들어주셔요."(참고. 왕상 8:46~50)

우리는 이 늙은 선지자 다니엘이 왜 저 먼 타국에서 예루살렘을 향해 기도해야 했는지 압니다. 구약시대에는 장소와 방향이 중요했기 때문입니다.

하나님께서 그렇게 계시하신 데는 이유가 있습니다. 구약시대에 하나님께서는 중앙 성소가 언제나 단 하나만 존재하도록 지시하셨습니다. 처음에는 모세의 성막이 있었습니다(주전 1445년경). 그 다음에는 솔로몬이 건축한 성전이 있었습니다(주전 959년경). 그 다음에는 바벨론 포로생활에서 귀환한 백성들이 예수님의 조상 스룹바벨의 감독 하에 건축한 두 번째 성전이 있었습니다(주전 516년경).

이 세 번[5]의 중앙 성소 건축에 나타난 공통점이 있습니다. (안식일에 각 마을의 회당에서 예배를 위해 모이더라도) **정규적인 희생 제사를 드릴 성소는 전 세계에 단 하나뿐이라는 점입니다.** 이는 **죄인이 하나님께 나아가는 유일한 길을 보여줍니다. 하나님께서 이 유일한 길을 통해서만 백성들의 죄의 문제를 해결**해주신다는 교훈을 담고 있습니다. 그러므로 **구약시대의** (각 시대마다 단 하나의) **중앙 성소는 장차 오실 단 한 분의 구원자를 바라보게 하는 그림자였습니다.**

적 이해』(경산: R&F, 2016), 90~137을 참고하십시오.

5) 사실 에덴 동산 역시 아담 당대의 성소라 할 수 있으나 여기서는 이스라엘 역사 속의 중앙 성소만 언급했습니다.

| 사람이 되신 성전

세월은 다시 5백 년이 넘게 흘렀습니다. 가나안 땅 중부 사마리아의 "수가"라는 이름을 가진 어느 한 작은 동네입니다. 그곳 우물가에 한 여인이 서른 살쯤 되어 보이는 유대인 남자에게 질문합니다.

> "당신들 유대인은 예루살렘 성전에서 예배해야 한다고 말하지 않습니까? 그런데 우리 사마리아인들은 이 산[6]에서 예배합니다. 도대체 어디서 예배해야 합니까?"(참고. 요 4:20)

그 유대인의 대답은 실로 충격적인 내용을 담고 있었습니다. 만일 다른 유대인들이 이 말을 들었다면, 그를 향해 이단자라고 소리치며 돌을 던졌을지도 모릅니다.

> "내 말을 믿으시오. **이 산에서도 말고 예루살렘에서도 말고 너희가 아버지께 예배할 때가** 올 것이요. 사실은 그때가 **바로 지금이오**."(참고. 요 4:21~23)

우리는 이 말씀을 한 유대인이 예수님이라는 사실을 이미 잘 알고 있습니다. 사실 사마리아 여인에게 하신 예수님의 이 대답은 마치 구약성경을 위반하는 것처럼 보입니다. 앞에서 살핀 바와 같이, 구약성경은 예배의 장소와 방향을 규정하고 있기 때문입니다.

그러나 예수님께서 이렇게 대답하신 데는 이유가 있습니다. 그분 자신이 성전이시기 때문입니다. 요한복음의 진행은 이 사실을 잘 보여줌

---

6) 여기서 "이 산"은 사마리아 성전이 있던 그리심 산을 가리킵니다. 유대인들의 냉대 속에. 사마리아인들은 그리심 산에 그들만의 성전을 세우고 그곳에서 예배했습니다.

니다. 요한복음 1장은 예수님의 성육신을 이렇게 묘사합니다.

> "말씀이 육신이 되어 우리 가운데 **거하시매** 우리가 그 영광을 보니 아버지의 독생자의 영광이요 은혜와 진리가 충만하더라"(요 1:14)

여기서 "우리 가운데 거하시매"라는 표현은 '우리 가운데 회막을 치시매'라는 뜻을 담고 있습니다.[7] 모세가 성막 건축을 완공하자 하나님의 영광이 성막 안에 충만했습니다.

> "그가 또 성막과 단 사면 뜰에 포장을 치고 뜰문의 장을 다니라 모세가 이같이 역사를 필하였더라[33] 그 후에 **구름이 회막에 덮이고 여호와의 영광이 성막에 충만**하매[34] 모세가 회막에 들어갈 수 없었으니 이는 **구름이 회막 위에 덮이고 여호와의 영광이 성막에 충만**함이었으며[35]"(출 40:33~35)

마찬가지로, 하나님의 독생자께서 인간의 몸을 입으시자 영광이 충만했다고 합니다.

> "… 우리가 그 **영광**을 보니 아버지의 독생자의 **영광**이요 은혜와 진리가 **충만**하더라"(요 1:14)

이는 예수님의 성육신이 성막의 성취이며, 예수님 자신이야말로 구

---

7) 한글개역성경과 한글개역개정성경에서 "거하시매"로 번역된 헬라어 동사 "σκηνόω(스케노오)"는 '장막을 쳐서 그 속에 거주하다(dwell in a tent)'라는 뜻입니다. 이는 구약 모세의 성막과 이스라엘 백성들의 광야생활을 연상케 합니다. 하나님께서는 성막 제도를 통해 이스라엘 가운데 거하셨고, 그분의 영광을 보여주셨습니다.

약시대의 그림자 성막이 가리키는 참 성막임을 보여줍니다.

바로 그 다음 장인 요한복음 2장은 예수님께서 참 성전이심을 보여줍니다. 예수님께서는 당시 46년 동안이나 건축[8] 중이던 예루살렘 성전에 들어가 이렇게 말씀하셨습니다.

> "예수께서 대답하여 가라사대 너희가 이 성전을 헐라 내가 사흘 동안에 일으키리라[19] 유대인들이 가로되 이 성전은 사십 륙 년 동안에 지었거늘 네가 삼 일 동안에 일으키겠느뇨 하더라[20] 그러나 예수는 **성전 된 자기 육체**를 가리켜 말씀하신 것이라[21]"(요 2:19~21)

그 다음, 요한복음 4장은 예수님께서 사마리아 여인에게 하신 말씀을 전합니다. 옛 성전이 가리키던 참 성전이 오셨습니다. 하나님께 나아가는 유일한 길인 구원자가 오셨습니다. 그 구원자가 걸어 다니는 사람 성전walking Human Temple이 되셨습니다. 잡히시던 날 밤, 예수님께서 제자들에게 이렇게 말씀하신 것도 같은 이유에서입니다.

> "예수께서 가라사대 내가 곧 길이요 진리요 생명이니 나로 말미암지 않고는 아버지께로 올 자가 없느니라"(요 14:6)

그러므로 예수님이 오신 이후로는 이제 죄 사함을 받기 위해 옛 성전으로 가는 대신 예수님께로 가야 합니다(참고. 마 9:2; 막 2:5; 눅 5:20[9]).

---

8) 주전 19년경에 헤롯 대왕에 의해 시작된 이 대공사는 요한복음 2장의 이 사건 이후로도 37년간 더 진행되어 무려 83년 만에 완공됩니다(주후 64년경). 그리고 몇 년 지나지 않아 로마의 침공으로 파괴됩니다(주후 70년).

9) 예수님께서 중풍병자에게 '죄 사함'을 선포하시는 이 사건은 복음서의 다른 기사들에서 유래를 찾기 힘듭니다. 구약시대에 죄 사함을 얻기 위해서는 중앙 성소, 즉 예루살

또한 **이 땅 위의 한 지정된 장소가 있는 방향으로 기도하는 대신 오직 예수 그리스도의 이름으로 기도해야 합니다.**

"너희가 내 이름으로 무엇을 구하든지 내가 시행하리니 이는 아버지로 하여금 아들을 인하여 영광을 얻으시게 하려 함이라13 내 이름으로 무엇이든지 내게 구하면 내가 시행하리라14"(요 14:13~14)

"현 복음 시대에 기도나 종교적 예배의 어떤 순서도 행하는 장소나 향하는 곳에 매여 있지 않으며 더 잘 받아들여지는 것도 아니다. … 또한 하나님께서 말씀이나 섭리로 요청하실 때 공적 집회에서 더 엄숙하게 예배할 수 있으니, 이런 집회를 부주의나 임의로 소홀히 하거나 저버리지 말아야 한다."(웨스트민스터 신앙고백서 21:6)

| 성전으로 건축되는 교회

그런데 여기서 끝이 아닙니다. 에베소서 1장에서, 사도 바울은 예수님께서 교회의 머리이시고, 교회는 그분의 몸이라고 말씀합니다.

"또 만물을 그 발 아래 복종하게 하시고 그를 만물 위에 **교회의 머리로** 주셨느니라22 **교회는 그의 몸**이니 만물 안에서 만물을 충만케 하시는 자의 충만이니라23"(엡 1:22~23; 참고. 골 1:18)

그렇다면 예수님께서 성전이시므로 그분의 몸인 교회 역시 성전이지

렘 성전으로 가야 했습니다. 그러나 이제 예수님 앞에서, 그분에 의해 '죄 사함'이 선포됩니다.

않겠습니까? 아니나 다를까 바로 다음 장에서 바울은 이렇게 선포합니다.

> "너희는 사도들과 선지자들의 터 위에 세우심을 입은 자라 그리스도 예수께서 친히 모퉁이 돌이 되셨느니라[20] 그의 안에서 건물마다 서로 연결하여 주 안에서 **성전이 되어가고**[21] 너희도 성령 안에서 **하나님의 거하실 처소**가 되기 위하여 예수 안에서 **함께 지어져 가느니라**[22]"(엡 2:20~22; 참고. 고전 3:16~17, 6:19~20; 벧전 2:4~5)

그런데 놀라운 사실은 **이 성전이 지금도 계속 건축 중**이라는 사실입니다. "성전이 되어가고"는 '성전으로 자라고(성장하고) 있다'는 뜻입니다.[10] "함께 지어져 가느니라"는 '함께 건축되고 있다'는 뜻입니다.[11] 예배당이 아니라 예수님의 몸인 교회, 사람으로 구성된 교회가 바로 새 성전입니다. 그러므로 우리 자신이 성전이 되어 함께 모여 예배합니다. 그리고 세계 곳곳에 하나님의 백성들이 있기에 이제는 단 한 곳이 아니라 세계 곳곳에서 모여 예배합니다.[12] 그리고 전도와 선교를 통해 이 성전은 계속 자랍니다. 직분자들의 말씀 사역을 통해서도 이 성전은 계속 자랍니다(엡 4:11~16).

---

10) 한글개역성경과 한글개역개정성경의 "되어가고"는 '성장하(시키)다(grow)', '증가하(시키)다(increase)'라는 뜻을 가진 헬라어 동사 'αὐξάνω(아욱싸노)'의 3인칭, 단수, 현재, 능동태, 직설법입니다.

11) 한글개역성경과 한글개역개정성경의 "함께 지어져 가느니라"는 '함께 건축하다(build together)'라는 뜻을 가진 헬라어 동사 'συνοικοδομέω(쉬노이코도메오)'의 2인칭, 복수, 현재, 수동태, 직설법입니다.

12) 요한계시록 1:20에 의하면, 일곱 금 촛대(등대)는 (소)아시아의 일곱 교회입니다. 원래 순금으로 만든 등대는 성막 또는 성전의 성소에 놓여 있었습니다. 그러나 신약시대에는 이 순금등대가 한 곳에 있지 않습니다. 새 성전인 교회가 각 지역마다 있으므로, 순금등대 역시 교회가 세워져 있는 각 지역마다 놓여 있습니다.

그러나 잊지 마십시오. 전 세계의 참 복음을 가진 각 지역교회들이 머리이신 예수 그리스도 안에서 연결되어 있으므로, **이 성전은 지금도 여전히 오직 하나**밖에 존재하지 않습니다. 그러니 예수 그리스도의 참 복음을 가진 교회야말로 하나님께서 이 땅 위에 세우신 유일한 구원의 기관입니다.

"우리는 **하나의**one 거룩하고 사도적인 공교회를 믿습니다."(니케아신조)

"유형교회 역시 복음 하에서 공교회요 우주적 교회인데, 전 세계에서 참 믿음(종교)을 고백하는 모든 자들과 그들의 자녀들로 이루어지며, 주 예수 그리스도의 나라이며, 하나님의 집이요 권속이며, **이 교회를 떠나서는 특별한 경우가 아니고는 구원받을 가능성이 없다.**"(웨스트민스터 신앙고백서 25:2)

1. 구약시대의 대표적인 중앙 성소를 말해봅시다.

2. 하나님께서 구약시대 중앙 성소를 통해 가르치신 복음이 무엇입니까?

3. 예수님께서 "이때"라고 하신 이유가 무엇입니까?

4. 이제는 예배당이 아니라 무엇이 성전입니까?

5. 예수님도 성전이시고 교회도 성전인데, 왜 성전이 둘이 아닙니까?

6. 한 걸음 더 이스라엘 지역과 바울의 선교지 등에 방문하는 것을 '성지
   (聖地) 순례'라고 하는 것과 '기독교 사적지 방문'이라고 하는 것 중 어느
   것이 더 좋은 표현이겠습니까?

그리스도인들이 임의로 모여 예배하면 그것도 교회라 할 수 있습니까?

"두세 사람이 내 이름으로 모인 곳에는 나도 그들 중에 있느니
라"(마 18:20)

"그리스도 예수의 종 바울과 디모데는 그리스도 예수 안에서 빌
립보에 사는 모든 성도와 또는 감독들과 집사들에게 편지하노니"
(빌 1:1)

그리스도인들이 임의로 모여 예배하면 그것도 교회라 할 수 있습니까?

앞의 "제5장. 돌 성전에서 사람 성전으로"에서 배운 내용은 신약시대에는 이 땅 위에 더 이상 중앙 성소가 없으며, 머리이신 예수님과 연합한 교회가 바로 새 성전이라는 점입니다. 이 교회는 전 세계 곳곳에서 회집합니다. 그런데 이를 오도하는 두 가지 견해가 한국 교회 안에 널리 퍼져 있습니다.

첫째는 장소와 관련한 오해입니다. '이제 예루살렘으로 갈 필요가 없이 어디서나 예배할 수 있는데, 주일에 집에서 혼자 또는 몇 명이 임의로 모여 예배해도 된다.'는 생각입니다. **둘째는 사람과 관련한 오해입니다.** '신약시대에는 사람 성전의 시대이니 그리스도인들의 모임이 곧 교회'라는 생각입니다. 이러한 생각은 한국에서뿐 아니라 선교 현지에서도 자주 나타납니다.

필자가 선교 현지에서 꽤 많이 접한 일입니다. 목사는커녕 심지어 정식으로 신학 훈련을 받지도 않은 분들이 선교 현지에서 자신을 따르는 사람들을 데리고 매주 공예배를 인도합니다.[1] 설교뿐 아니라 심지어 성찬까지도 집례를 하는 경우가 있습니다. 어떤 경우에는 공예배가 아닌 사적인 자리에서 성찬을 나누는 경우도 있습니다.[2] 대체로 그분들의 논리는 간명합니다.

> "예수님께서는 두세 사람이 모인 곳에 그분 자신도 함께 하시겠다고 약속하셨습니다. 교회는 예배당 건물이 아니라 사람이지 않습니까? 그리스도인의 모임이 곧 교회입니다."

그러나 성경의 증거는 이러한 생각을 무너뜨립니다.

| 두세 사람이 모인 곳에 계신 예수님 1: 권징

> "두세 사람이 내 이름으로 모인 곳에는 나도 그들 중에 있느니라"(마 18:20)

이는 예수님께서 친히 하신 말씀입니다. 그리스도인 두세 사람이 모

---

1) "문: 누가 하나님의 말씀을 설교할 수 있습니까?
   답: 충분한 은사를 갖추었을 뿐 아니라 정식으로 인정을 받아 이 직분에 부름을 받은 사람만이 하나님의 말씀을 설교할 수 있습니다."(대교리 제 158문답)
2) "문: 세례와 성찬 이 두 성례는 어떠한 점에서 일치합니까?
   답: 성례와 성찬이 일치하는 점은 둘 다 하나님께로부터 유래했으며, 그 영적 측면이 모두 그리스도와 그분의 은덕이고, 둘 다 같은 언약의 인침이라는 점입니다. 그리고 둘 다 복음 사역자들(목사들)에 의해 배포되어야 하며, 그 밖에 누구에 의해서도 배포될 수 없고, 주님께서 재림하실 때까지 그리스도의 교회에서 계속 시행되어야 한다는 점입니다."(대교리 제 176문답)

여도 예수님께서 그들 중에 함께 계시다고 하셨습니다. 이 때문에 많은 사람들은 그리스도인들이 경건한 마음으로 모이면 그것이 곧 교회라고 생각합니다. 심지어 이 말씀을 근거로, 사적으로 모여 예배하는 것이 주일의 공예배를 대신할 수 있다고 생각하는 사람들도 있습니다.

그러나 이러한 주장은 **첫째 이 본문의 문맥과 내용, 둘째는 마태복음 전체의 흐름**plot이라는 성경 자증에 의해 쉽게 무너집니다.

첫째는 본문의 문맥과 내용입니다. 예수님께서 가르치고 계신 핵심 사안은 '누가 교회의 구성원인가?'가 아닙니다. '죄를 범한 형제를 회복하기 위해 교회/성도가 어떤 방식으로 대해야 하는가?'입니다. 즉 **권징의 원리**를 가르치고 계십니다.

> "네 형제가 죄를 범하거든 가서 너와 그 사람과만 상대하여 권고하라 만일 들으면 네가 네 형제를 얻은 것이요[15] 만일 듣지 않거든 한두 사람을 데리고 가서 두세 증인의 입으로 말마다 증참케 하라[16] 만일 그들의 말도 듣지 않거든 교회에 말하고 교회의 말도 듣지 않거든 이방인과 세리와 같이 여기라[17] 진실로 너희에게 이르노니 무엇이든지 너희가 땅에서 매면 하늘에서도 매일 것이요 무엇이든지 땅에서 풀면 하늘에서도 풀리리라[18] 진실로 다시 너희에게 이르노니 너희 중에 두 사람이 땅에서 합심하여 무엇이든지 구하면 하늘에 계신 내 아버지께서 저희를 위하여 이루게 하시리라[19] 두세 사람이 내 이름으로 모인 곳에는 나도 그들 중에 있느니라[20]"(마 18:15~20)

상당수의 그리스도인들은 권징을 그리 좋아하지 않습니다. 사랑과 무관한 징벌로 생각하기 때문입니다. 그러나 '**권징**discipline'은 그 용어에서부터 '**제자**disciple'라는 단어와 관련되어 있습니다. 이는 '제자로 만들다', '훈육하다'는 뜻입니다. 어린아이를 양육하여 자라게 하는 사역을 뜻합니다. 그래서 벌을 주는 것만이 아니라 설교와 교육, 격려와 경고까지도 모두 포함되어 있습니다. 어떤 아이가 친구의 학용품을 훔쳐서 집에 온다고 합시다. 부모가 이를 그대로 놓아두면 어떻게 되겠습니까? 이 아이는 점점 자라 더 큰 범죄를 저지를 가능성에 노출됩니다. 그리고 마침내 자신의 가정까지도 파탄이 나버릴 것입니다. 교회역시 마찬가지입니다. 권징이 없는 교회는 죄의 문제에 쉽게 노출되고, 그것을 해결할 능력을 상실합니다. 이런 상태를 오랜 기간 방치하면 그 결과는 뻔합니다. 교회의 기능이 마비되어 마침내 무너집니다. 죄를 범한 성도를 사랑한다면, 그를 내버려둘 수 없습니다. **권징의 원리는 진리와 사랑**입니다(참고. 요일 3:18).

> "교회의 권징은, 과오를 범한 형제를 교정하여 다시 얻기 위함이며, 다른 이들이 같은 과오를 범하지 않도록 방지하며, 누룩이 온 덩어리에 퍼지지 않도록 제거하며, 그리스도의 명예와 복음에 대한 거룩한 고백을 옹호하며, 또 하나님의 언약과 그 언약의 인(印)들을 사악하고 완악한 범죄자들이 더럽히도록 교회가 방치할 때 교회에 임할 하나님의 진노를 막기 위하여 필요하다."(웨스트민스터 신앙고백서 30:3)

그런데 예수님께서는 이 권징이 가장 먼저 그리스도인 개인과 개인 사이에서부터 시작되어야 한다고 가르치십니다. 즉 **'상호책선'이 권징의 첫 번째 발걸음**입니다.[3] 예수님의 말씀은 진공상태에서 나온 것이

---

3) '한국 교회에 권징이 사라지고 있다.'며 우려를 표하는 그리스도인들이 많습니다. 이것이 사실이라면 치리회의 책임이 가장 크지만, 그리스도인 개인의 잘못을 과소평가해서도 안 됩니다. 사랑과 용기가 없이는 치리회가 죄를 범한 형제를 바르게 권징할 수 없습니다. 마찬가지로, 사랑과 용기가 없이는 그리스도인이 죄를 범한 형제를 바르게

아닙니다. 이는 이미 하나님께서 오래 전 구약시대 이스라엘에게 주신 원리입니다. 율법의 성취자로서, 예수님께서는 새 이스라엘이요 새 성전인 교회에게 구약 율법의 참된 정신을 회복하시고, 적용하십니다.

"너는 네 형제를 마음으로 미워하지 말며 이웃을 인하여 죄를 당치 않도록 그를 반드시 책선하라17 원수를 갚지 말며 동포를 원망하지 말며 이웃 사랑하기를 네 몸과 같이 하라 나는 여호와니라18"(레 19:17~18)

"네 형제가 죄를 범하거든 가서 너와 그 사람과만 상대하여 권고하라 만일 들으면 네가 네 형제를 얻은 것이요"(마 18:15)

그 다음 예수님께서는 상호책선을 거절하는 사람에게 취할 대처방안을 가르치십니다. 몇 사람의 증인을 대동하여 말하고, 다시 거절하면 교회에 말하고, 교회의 말도 듣지 않을 때는 이방인과 세리와 같이 여기라고 하십니다. 즉, **본문의 문맥**은 '누가 교회인가?'에 대한 것이 아니라 **'교회 구성원 가운데 발생한 죄의 문제를 어떻게 처리할 것인가?'**에 대한 것입니다. 이 본문의 문맥대로 마태복음 18:20을 읽으면 **"두세 사람"**은 권징을 시행하기 위해 모인 사람들을 의미합니다. 즉, 두세 사람의 그리스도인이 모이기만 하면 교회가 된다는 뜻이 아닙니다. 여

책선할 수 없습니다. 교회의 문제 중 상당한 경우는 한 그리스도인이 죄를 범한 형제에게 가서 직접 책선하기보다는 다른 그리스도인에게 (비밀리에, 그러나 언젠가는 비공식적으로 알려지게) 그 문제를 말함으로 시작합니다. 특히 말이나 행동에 상처를 입은 피해자가 가해자를 책선하기보다는 자신이 받은 상처를 다른 그리스도인에게 말해서 푸는 방식으로 전개됩니다. 만일 가해자가 다른 이로부터 이런 사실을 전해들을 때, 자신의 잘못을 인정하고 화해하겠습니까? 이런 방식이야말로 성도들 간의 사소한 감정이 큰 미움과 분쟁으로 발전하는 지름길입니다. 상호책선이 없는 치리회의 권징은 사상누각(沙上樓閣)과 같습니다.

기서의 "두세 사람"은 **교회의 치리회**를 의미합니다. 정통신앙을 계승한 선조들이 다음의 고백문을 작성한 이유 역시 이 성경 본문을 그렇게 이해했기 때문입니다.

> "문: 교회의 권징을 통해서 어떻게 천국이 닫히고 열립니까?
> 답: 그리스도의 명령에 따라, 그리스도인의 이름을 가진 자가 교리나 생활에서 그리스도인답지 않을 경우, 먼저 형제로서 거듭 권고할 것입니다. 그렇지만 자신의 오류나 악행에서 돌이키기를 거부한다면, 그 사실을 **교회 곧 치리회(治理會)**에 보고해야 합니다. 그들이 교회의 권고를 듣고도 돌이키지 않으면, 성례에 참여함을 금하여 성도의 사귐 밖에 두어야 하며, 하나님께서도 친히 그들을 그리스도의 나라에서 제외시킬 것입니다. 그러나 그들이 참으로 돌이키기를 약속하고 증명한다면, 그들을 그리스도의 지체(肢體)와 교회의 회원으로 다시 받아들입니다."(하이델베르크 제85문답)

그러니 두세 사람이 모이면 그것이 곧 교회이니 임의로 예배할 수 있다는 주장에는 근거가 없습니다.

| 두세 사람이 모인 곳에 계신 예수님 2: 직분과 임마누엘

마태복음 전체의 흐름plot은 이를 더욱 뒷받침합니다. 마태복음에는 명시적으로 '임마누엘' 주제를 언급하는 장면이 세 번 나타납니다. 앞에서 설명한 마태복음 18:20 외의 두 본문은 아래와 같은데, 하나는 마태복음의 맨 앞부분에 다른 하나는 마태복음의 맨 뒷부분에 등장합니다.

　"보라 처녀가 잉태하여 아들을 낳을 것이요 그 이름은 **임마누엘**이라 하리라 하셨으니 이를 번역한즉 **하나님이 우리와 함께 계시다** 함이라"(마 1:23)

　"열한 제자가 갈릴리에 가서 예수의 명하시던 산에 이르러[16] … 그러므로 너희는 가서 모든 족속으로 제자를 삼아 아버지와 아들과 성령의 이름으로 세례를 주고[19] 내가 너희에게 분부한 모든 것을 가르쳐 지키게 하라 볼찌어다 **내가 세상 끝 날까지 너희와 항상 함께 있으리라** 하시니라[20]"(마 28:16,19~20)

첫 번째 구절(마 1:23)은 예수님의 성육신이 '임마누엘'이라고 선포합니다. 두 번째 구절(마 18:20)은 교회의 권징을 위해 모인 치리회 가운데 '임마누엘'을 약속합니다. 세 번째 구절(마 28:19~20)은 예수님께서 명령하신 대로, 사도들이 말씀(설교와 교육)과 세례를 시행할 때의 '임마누엘'을 약속합니다.[4] 이는 마태복음의 전체의 흐름plot을 요약적으로 보여줍니다.

예수님께서 이 세상에 계실 때에는 그분 자신이 곧 '임마누엘'이셨습니다(마 1:23). 성육신하신 그분과 함께 있는 것이 하나님과 함께 있는 것이었습니다. 그러나 그분이 이 세상을 떠나 하늘로 올라가신 이후에는 하나님께서 어떤 방법을 통해 그분의 백성들과 함께 계십니까? 나머지 두 구절(마 18:20, 28:19~20)이 이에 대한 해답을 제공합니다. **예수님을 따르던 사도들의 신앙을 교회가 계승하여 말씀(설교와 교육)과 성**

---

4) 마태복음 28:19~20이 일반적인 길거리 전도가 아니라 교회의 말씀과 성례 사역이라는 점에 대한 보다 상세한 설명으로는 권기현, 『선교, 교회의 사명: 성경적인 선교를 생각하다』(경산: R&F, 2012), 14~28을 참고하십시오.

례(마 28:19~20)와 **권징**(마 18:15~20)을 행할 때, **하나님께서 함께 하십니다.** 마태복음 18:20은 치리회, 마태복음 28:19~20은 사도들의 사역(말씀과 성례)을 다룹니다. 이는 교회의 직분적 사역입니다. 이 때문에 **교회는 필히 직분적 사역과 함께 존재합니다. 그리고 말씀과 성례와 권징이라는 뚜렷한 표지**signs**와 함께 존재합니다.**

| 교회의 구성원: 직분자와 회중

이는 비단 복음서에서만 나타나는 원리가 아닙니다. 사도 바울 역시 같은 원리로 서신을 보냅니다.

> "그리스도 예수의 종 바울과 디모데는 그리스도 예수 안에서 빌립보에
> 사는 모든 성도와 또는 감독들과 집사들에게 편지하노니"(빌 1:1)

빌립보서는 사도 바울이 빌립보교회에게 보낸 편지입니다. 1절에 '교회'라는 단어는 나타나지 않습니다. 그러나 사도 바울은 여기서 빌립보교회의 구성원을 언급함으로써 수신자가 교회 전체임을 누구나 알 수 있게 해줍니다. 그들은 "빌립보에 사는 모든 성도와 또는 감독들과 집사들"입니다. 여기서 "또는"[5]으로 번역된 헬라어 전치사 "σύν(쉰)"은 '~와(과) 함께with'라는 뜻입니다. 즉, 빌립보교회는 '감독들과 집사들과 함께 빌립보에 사는 모든 성도들'입니다. 빌립보교회의 구성원은 직분자들과 회중(성도들)입니다. 그리고 직분자들은 "감독들과 집사들"입니다.

---

5) 한글개역개정성경에는 "또한"이라고 번역되었습니다.

성경에 의하면, "감독[ἐπίσκοπος(에피스코포스)]"은 "장로[πρεσβύτερος (프레스뷔테로스)]"와 동의어입니다.

이뿐 아니라 성경은 두 종류의 장로, 즉 가르치는 장로(목사)와 다스리는 장로가 있다는 사실도 알려줍니다.

그렇다면 빌립보교회의 구성원은 목사, 장로, 집사들과 함께 있는 회중(성도들)입니다. 우리는 이제 안전한 결론에 도달합니다. 회중이 없이 직분자만으로는 교회가 될 수 없습니다(천주교와 대조).[6] 이와는 대조적으로, 직분자 없는 회중의 모임만을 가리켜 교회라 할 수 없습니다(회중교회와 대조).[7] 교회는 필히 직분자와 회중으로 존재합니다. 말씀과 성

---

6) 감독교회주의를 고집하는 로마 천주교는 회중이 없이 사제(신부, priest)만으로도 교회의 구성 요건이 된다고 주장합니다. 그들의 시각으로 볼 때에는 직분자가 곧 교회입니다. 이는 비성경적입니다.
7) 회중교회주의자들은 회중이 곧 치리회의 기능을 수행하기 때문에 직분자 없이 회중만으로도 교회의 구성 요건이 된다고 주장합니다. 그들의 시각으로 볼 때에는 회중이 곧 교회입니다. 이는 비성경적입니다.

례와 권징이라는 직분적 사역을 필요로 하며, 이를 통해 '임마누엘'이 실현되기 때문입니다. 그러므로 교회를 단지 '그리스도인들의 모임'이라고 규정해서는 안 됩니다. **교회는 직분자들과 함께 모이는 회중**(성도들)**으로서 공적 표지**signs**, 즉 설교**(말씀)**와 성례와 권징을 수행하는 공동체입니다.**[8] 직분자로 세움을 받지 않은 회중이 이 사역을 대신 해서도 안 됩니다. 교회가 직분자들의 봉사로 온 회중이 함께 모여 예배할 때, 이를 '공예배Public Service'라 부릅니다.

---

8) 흔히 '파라처치(para–church)'라 불리는 선교회나 기독교 단체들은 이 성경적 요건을 갖추지 못했으므로 교회가 아닙니다. 교회가 해야 할 일을 대신해서도, 대신할 수도 없습니다. 이뿐 아니라 남전도회, 여전도회, 학생신앙운동(S.F.C.) 등도 교회의 한 기관이지 그 자체가 교회는 아닙니다. 이들 기관이 독자적으로 공예배로 모인다든지, 선교사를 파송한다든지, 성례나 권징을 시행하지 않는 이유가 바로 여기에 있습니다. 교회가 아니기 때문입니다.

1. 마태복음 18:20은 교회의 구성원에 대한 설명이 아니라 무엇에 대한 가르침입니까?

2. '상호책선'을 평소에 중요하게 생각하고 있습니까? 이를 진리와 사랑의 원리 위에서 행하고 있습니까? 자신의 모습을 솔직하게 서로 나누어봅시다.

3. 마태복음 18:20의 "두세 사람"은 누구를 가리킵니까?

4. 빌립보교회는 어떤 사람들로 구성되어 있었습니까?

5. 교회의 직분에는 어떤 것들이 있습니까?

6. **한 걸음 더** 여전도회, 유년주일학교, 학생신앙운동(S.F.C.)은 교회의 기관이지 그 자체가 교회는 아닙니다. 왜 그렇습니까? 또한 각종 선교단체들 역시 교회가 아닙니다. 왜 그렇습니까?

가정예배가 공예배를 대신할 수 있습니까?

"그리스도 예수를 위하여 갇힌 자 된 바울과 및 형제 디모데는 우
리의 사랑을 받는 자요 동역자인 빌레몬과 및 자매 압비아와 및
우리와 함께 군사 된 아킵보와 네 집에 있는 교회에게 편지하노니
2"(몬 1~2)

"거기서 옮겨 하나님을 공경하는 디도 유스도라 하는 사람의 집에
들어가니 그 집이 회당 옆이라"(행 18:7)

"모이기를 폐하는 어떤 사람들의 습관과 같이 하지 말고 오직 권하
여 그 날이 가까움을 볼수록 더욱 그리하자"(히 10:25)

가정예배가 공예배를 대신할 수 있습니까?

"제2장 어린아이들도 예배에 참석해야 합니까?"와 "제6장 그리스도인들이 임의로 모여 예배하면 그것도 교회라 할 수 있습니까?"에서 우리는 교회의 구성원이 누구인지 배웠습니다. 교회는 단순히 '그리스도인들의 모임'이 아닙니다. 교회는 직분자와 회중(믿음을 고백한 자들과 그들의 자녀)으로 이루어진 예배 공동체이므로 공예배 역시 이 원리 위에서 시행되어야 합니다. 그런데 오늘날 어떤 분들은 이렇게 주장합니다.

"빌레몬서는 바울서신 중 가장 개인적인 편지입니다. 그런데 이렇게 개인적인 용무로 보낸 서신에서, 빌레몬의 가정에서 모이는 모임을 교회라고 하지 않습니까?"

| 가정예배를 소중히 여긴 선조들

영국과 스코틀랜드를 중심으로 한 근대 장로교회의 선조들은 가정예배 family worship를 매우 소중히 여겼습니다. 그뿐 아니라 유럽 대륙을 중심으로 한 개혁교회의 선조들 역시 그러했습니다. 그러나 이들 중 어느 누구도 가정예배가 교회의 공예배를 대신하거나 대체한다고 생각하지 않았습니다. 오히려 주일 공예배에서 받은 은혜가 주중의 거룩한 삶으로 확장되기를 바랐습니다. 그래서 그들은 공예배 때 들은 설교를 주중에 되새기고, 성경에 근거한 참 복음의 교리를 자녀들에게 계승해 주려고 노력했습니다.

| 빌레몬서: 사적 서신인가, 공교회적 서신인가?

빌레몬서가 바울과 빌레몬 – 그의 도망친 노예 오네시모를 포함한 – 사이의 개인적인 용무로 보낸 서신이라고 생각하는 경향이 오늘날 한국 교회 안에 널리 퍼져 있습니다. 그러나 두 가지 점에서 이것이 **공교회적 서신임이** 분명히 드러납니다. **첫째는 다른 옥중서신들과의 관계**이며, **둘째는 빌레몬서의 자증입니다.**

빌레몬서는 에베소서, 빌립보서, 골로새서와 함께 사도 바울의 옥중서신으로 분류됩니다. 단지 감옥에서 썼기 때문만이 아니라 같은 감옥에서, 비슷한 시기에 보낸 서신들이라는 사실을 성경 자증을 통해 알 수 있기 때문입니다.[1] 사도 바울은 빌레몬서를 써서 보낼 때, 빌레몬에게서 도망친 노예 출신 오네시모를 돌려보냅니다.

---

1) 이 때문에 디모데후서도 감옥에서 쓴 서신이지만, 신학자들은 이를 옥중서신으로 분류하지 않습니다. 디모데후서는 사도 바울이 순교를 앞두고 쓴 것으로 옥중서신들(에베소서, 빌립보서, 골로새서, 빌레몬서)과는 시기적인 차이가 있기 때문입니다. 그래서 신학자들은 디모데후서를 목회서신으로 분류합니다.

"갇힌 중에서 낳은 아들 오네시모를 위하여 네게 간구하노라₁₀ 저가 전
에는 네게 무익하였으나 이제는 나와 네게 유익하므로₁₁ **네게 저를 돌려
보내노니** 저는 내 심복이라₁₂"(몬 10~12)

바울은 빌레몬에게 오네시모를 (노예에서 자유인으로 해방시켜주는
것을 넘어) 그리스도 안의 형제로, 심지어 동역자로 여기도록 권면합
니다.

"저를 내게 머물러 두어 내 복음을 위하여 갇힌 중에서 **네 대신 나를 섬
기게 하고자 하나**₁₃ … 이후로는 종과 같이 아니하고 종에서 뛰어나 곧
사랑받는 형제로 둘 자라 내게 특별히 그러하거든 하물며 육신과 주 안
에서 상관된 네게랴₁₆ 그러므로 **네가 나를 동무로 알찐대 저를 영접하기
를 내게 하듯 하고**₁₇"(몬 13,16~17)²

특히 17절의 내용은 주인 빌레몬과 노예 오네시모 두 사람 모두 교회
의 직분자임을 의미합니다. 골로새서의 전달자 중 한 사람이 바로 이
오네시모라는 사실이 이를 뒷받침합니다.³

"신실하고 사랑을 받는 형제 **오네시모를 함께 보내노니** 그는 너희에게서
온 사람이라 저희가 여기 일을 다 너희에게 알게 하리라"(골 4:9)

---

2) 13절은 오네시모가 빌레몬과 같은 사역자임을 보여줍니다. 그리고 16절은 빌레몬이 오
네시모를 자유인으로, 17절은 그를 동역자로 여길 것에 대한 권면입니다.

3) 바울이 쓴 서신의 전달자는 단순한 심부름꾼이 아닙니다. 사도가 가장 신임하는 직분
자 중 한 사람을 수신자 교회에 사절단으로 보낸 것으로 이해해야 합니다. 서신과 사
절단은 사도적 복음 안에서 신앙의 일치와 교회 연합을 가능하게 하는 중요한 수단이
었습니다(참고. 행 15:19~41; 16:4~5).

이뿐 아닙니다. 오네시모 외에도, 빌레몬서에서는 에바브라, 마가, 아리스다고, 데마, 누가가 빌레몬에게 문안합니다.

그런데 골로새교회에 보낸 편지에도 이 다섯 사람이 똑같이 문안하는 이름으로 거명됩니다.

이런 여러 가지 증거들은 애초부터 빌레몬서와 골로새서가 함께 기록되었고, 동일한 수신자 ― 골로새교회의 목회자인 빌레몬과 회중 ― 를 대상으로 하는 서신임을 뒷받침합니다. 그러므로 빌레몬서의 내용이 사적으로 발생한 일을 다루고 있다고 해서 사적으로 보낸 편지라고 간주하면 안 됩니다.

① 같은 감옥에서,

② 골로새서와 함께,

③ 목회자인 빌레몬과 그가 사역하는 골로새교회에게,

④ 오네시모라는 노예 출신 직분자의 손에 쥐어 보낸,

⑤ 사도 바울의 공교회적인 편지입니다.

⑥ 이뿐 아닙니다. 골로새서를 골로새교회와 그 주위의 다른 교회에서까
지 공적으로 봉독하도록 명하고 있다는 사실은 함께 동봉한 빌레몬서가
바울의 사적인 용무로 보낸 서신이 아니라 공교회적 복음을 담고 있는
서신으로 보아야 할 충분한 근거가 됩니다.

"라오디게아에 있는 형제들과 눔바와 그 여자의 집에 있는 교회에 문안
하고15 이 편지를 너희에게서 읽은 후에 라오디게아인의 교회에서도 읽
게 하고 또 라오디게아로서 오는 편지를 너희도 읽으라⁴16"(골 4:15~16)

둘째로 빌레몬서의 내용도 공교회적 차원의 서신임을 자증합니다.
사도 바울은 오네시모가 주인 빌레몬의 재산에 손상을 입히고 도망친
노예 출신임을 언급합니다.

"갇힌 중에서 낳은 아들 오네시모를 위하여 네게 간구하노라10 … 이후
로는 종과 같이 아니하고 종에서 뛰어나 곧 사랑받는 형제로 둘 자라 내
게 특별히 그러하거든 하물며 육신과 주 안에서 상관된 네게랴16 … 저가
만일 네게 불의를 하였거나 네게 진 것이 있거든 이것을 내게로 회계하
라18"(몬 10,16,18)

---

4) 여기서 세 번이나 반복하여 사용되고 있는 이 헬라어 동사 "ἀναγινώσκω(아나기노스
코)"가 눈에 띄는데, 이는 '공적인 석상에서 큰 소리로 봉독하다(read aloud in public)'
는 뜻입니다. 이 구절의 내용은 골로새서가 일종의 회람서신이라는 사실을 보여줍니
다. 즉, 골로새서는 골로새교회뿐 아니라 인근의 다른 지역 교회들에서도 공적으로 봉
독하도록 보낸 서신입니다. 빌레몬서는 이 골로새서와 함께 보내졌습니다.

처음 일어난 일은 지극히 사적인 것이었습니다. 그러나 사도 바울은 빌레몬이 오네시모를 용서할 뿐 아니라 그를 대할 때 마치 바울 자신을 대하듯 동역자로 여기라고 명합니다(16~17절). 또한 이를 빌레몬뿐 아니라 골로새교회의 회중 전체에게도 알립니다. 빌레몬서의 수신자는 단지 골로새교회의 목회자인 빌레몬만이 아닙니다. 교회 전체입니다.

"그리스도 예수를 위하여 갇힌 자 된 바울과 및 형제 디모데는 우리의 사랑을 받는 자요 동역자인 빌레몬과₁ 및 자매 압비아와 및 우리와 함께 군사된 아킵보와 **네 집에 있는 교회**에 편지하노니₂"(몬 1~2)[5]

사도 바울이 왜 그렇게 합니까? 빌레몬이 도망친 노예 오네시모를 용서할 뿐 아니라 그를 자신의 동역자로 받아들여야 한다는 사실을 골로새교회의 온 회중이 알게 하기 위해서입니다. 자유인인 빌레몬과 노예 출신인 오네시모 모두 그리스도 안에서 한 형제입니다.

"이후로는 종과 같이 아니하고 종에서 뛰어나 곧 사랑 받는 형제로 둘 자라 내게 특별히 그러하거든 하물며 육신과 주 안에서 상관된 네게랴"(몬 16)

---

5) 어떤 교회의 목회자에게 보낸 서신이 그 교회 전체 회중을 향한 것이라는 사실은 요한계시록 1~3장에 의해서도 뒷받침됩니다. 사도 요한은 (소)아시아에 있는 일곱 교회에 계시록을 보내라는 명령을 하나님의 사자로부터 받습니다(계 1:4,11; 참고. 22:16). 그런데 요한은 이 일곱 교회의 목회자(사자)들을 각각의 수신자로 명시합니다(계 2:1,8,12,18, 3:1,7,14). 이뿐 아닙니다. (수리아) 안디옥교회에 이단이 발생했을 때, 이 교회는 바울과 바나바를 예루살렘교회의 사도들과 장로들, 즉 직분자들에게로 파송합니다(행 15:2). 그런데 바울과 바나바는 예루살렘교회와 사도들과 장로들, 즉 직분자들과 회중 전체의 영접을 받습니다(행 15:4). 이로 보건데, 교회의 직분자를 수신자로 명기하더라도 그 실제 수신자는 그 교회의 회중 전체라는 사실을 어렵지 않게 알 수 있습니다. 오늘날 총회, 노회, 시찰회 등의 공적 서신이 당회 – 또는 당회장이나 담임 목회자 – 를 수신자로 하는 이유가 바로 여기에 있습니다. 개체교회의 치리회나 목회자에게로 보내는 서신은 공적이며, 그 교회 전체에게로 보내는 서신이기 때문입니다.

이뿐 아니라 출신 성분이 완전히 다른 이 두 사람 모두 교회의 직분
자입니다.

바울은 이 사실을 골로새교회 전체 회중에게 알립니다. 이것이 무엇
을 의미합니까? 이를 통해 그리스도의 사도는 그들에게 교회가 어떤
공동체인지 가르칩니다. 교회 안에서는 자유인과 노예가 한 가족이 됩
니다. 예수 그리스도의 대속의 복음 안에서 서로를 사랑하고 용서하는
것이 교회입니다. 세상의 기준으로는 나보다 훨씬 못하게 보이는 자를
직분자로 세우시는 하나님의 주권과 지혜를 감사와 순종으로 받아들이
는 것이 교회입니다. 결국, 빌레몬서는 단순히 다른 사람을 용서하라
는 도덕·윤리적 차원을 넘어 교회의 정체성을 교훈하는 구원의 복음
입니다.

이상의 내용에 미루어볼 때, 2절의 **"네 집에 있는 교회"**가 무엇을 의
미하겠습니까? 빌레몬의 혈통적인 가족일까요? 당연히 아닙니다. **그
의 집**(건물)**에서 회집하던 골로새교회 전체**를 가리키는 표현입니다. 그
리고 빌립보교회(빌 1:1)[6]와 마찬가지로, 여기서도 **골로새교회의 구성원
은 직분자와 회중 전체**입니다. 그러므로 빌레몬서 1~2절이 가정예배
였다고 하거나, 가정예배가 교회의 공예배를 대신할 수 있다는 주장은
성경적 근거가 없습니다. 주후 1세기 당대에는 오늘날과 같은 예배당
건물을 따로 건축한 시대가 아닙니다. 예배의 장소는 일반적으로 개인

---

6) 이에 대한 설명은 "제6장 그리스도인들이 임의로 모여 예배하면 그것도 교회라 할 수
   있습니까?"를 참고하십시오.

의 집이었습니다. 그것을 두고서 공예배를 부인하거나 약화시키는 구실로 삼아서는 안 됩니다. 더더구나 가정예배로 공예배를 대신하려는 생각을 가져서도 안 됩니다.

| 회당 옆 예배당

당대에 개인의 집에서 온 교회가 회집한 증거는 또 있습니다. 고린도교회 역시 그러했습니다.

> "거기서 옮겨 하나님을 공경하는 디도 유스도라 하는 사람의 집에 들어가니 그 집이 회당 옆이라"(행 18:7)

고린도에 도착한 바울은 가장 먼저 안식일마다 고린도의 회당에서 복음을 전합니다(행 18:4~5).[7] 그러자 유대인들은 바울을 대적하고 비방합니다. 그러자 바울은 회당 바로 옆 건물을 소유하고 있던 디도 유스도의 집에서 고린도교회를 개척합니다.

> "저희가 대적하여 훼방하거늘 바울이 옷을 떨어 가로되 너희 피가 너희 머리로 돌아갈 것이요 나는 깨끗하니라 이 후에는 이방인에게로 가리라 하고6 거기서 옮겨 하나님을 공경하는 디도 유스도라 하는 사람의 집에 들어가니 그 집이 회당 옆이라7"(행 18:6~7)

---

7) 사도 바울의 선교 사역은 오늘날 어떤 선교단체들이 벤치마킹하는 순례 전도 프로그램과는 전혀 달랐습니다. 바울 선교의 핵심이 교회 건설이라는 점에 대해서는 권기현, 『선교, 교회의 사명』, 52~68을 참고하십시오. 그리고 이방인의 사도인 그가 왜 안식일에 유대인의 회당에서 먼저 복음을 전했는지에 대해서는 권기현, 『방언이란 무엇인가』, 196~209를 참고하십시오.

아, 사탄의 집 바로 옆에 하나님의 집이 세워집니다. 놀랍게도 회당의 최고 책임자인 그리스보와 그의 가정 전체가 복음을 영접합니다. 수많은 고린도 사람들도 회심합니다(행 18:8[8]). 더욱 놀라운 일이 발생합니다. 그리스보의 후임자로 회당장이 된 소스데네 역시 복음을 믿고 회심합니다(행 18:17; 참고. 고전 1:1). 이런 일련의 사건들이 유대인들을 얼마나 분노하게 만들었는지, 이후에 그들은 폭동을 일으키고 총독 갈리오의 재판석 앞에서 소스데네를 때리기까지 합니다(행 18:12~17).[9]

여기서도 중요한 사실은 개인의 집에서 모였다고 해서 이를 오늘날의 가정예배라 생각해서는 안 된다는 점입니다. 디도 유스도의 집에 상당한 숫자의 회심한 사람들이 회집합니다. 고린도교회는 그 집 안에서 공예배로 모입니다. 고린도의 회당장 출신 소스데네는 이후에 바울의 동역자이자 직분자가 됩니다(고전 1:1). 여기서도 **교회는 단순히 '그리스도인의 모임'이 아니라 직분자와 회중으로 구성**되어 있음이 드러납니다.

| 히브리서와 공예배

히브리서는 이보다 더 위급한 상황을 보여줍니다. 교회 안에 큰 문제가 발생합니다. 유대교의 회당에 출석하다가 복음을 듣고 세례를 받아 교회의 일원이 된 자들 중 많은 이들이 다시 유대인의 회당 또는 율법

---

8) "또 회당장 그리스보가 온 집으로 더불어 주를 믿으며 수다한 고린도 사람도 듣고 믿어 세례를 받더라"(행 18:8)

9) 회당 바로 옆집에서 회집한 고린도교회는 사도 바울이 그곳을 떠난 이후에 서로 싸우고 분열합니다(고전 1:10~12). 대적들이 보는 앞에서, 이것이 교회에 얼마나 큰 위기를 초래했을지 생각해보십시오. 교회는 핍박이 아니라 복음에 대한 몰이해로 인한 분열 때문에 위기를 자초합니다.

주의/유대주의로 회귀합니다. 새 언약시대의 실체reality요 원형archetype
이신 예수 그리스도께서 오셨음에도, 옛 언약의 그림자shadows를 버리
지 못하고 되돌아가는 이들이 나타납니다. 마치 이미 출애굽한 광야
교회가 (가나안 땅을 향해 진군하는 대신) 그 옛날 노예생활을 하던 애
굽을 그리워하던 것처럼 말입니다(참고. 행 7:38~39)[10]. 그 결과로 나타
난 위기의 현상 중 하나는 교회의 공적 모임의 약화입니다. 그래서 히
브리서 기자는 강한 어조로 선포합니다.

여기서의 "모이기"가 공예배만을 의미하는지 정확히 알기는 힘드나,
적어도 공예배를 포함하고 있다는 데는 의심의 여지가 없습니다. 히브
리서가 이 말씀뿐 아니라 그 구체적인 실천 방안으로 교회의 회중(성도
들)이 직분자를 어떻게 대해야 할지에 대해서도 교훈하고 있기 때문입
니다.

"하나님의 말씀을 너희에게 이르고 너희를 인도하던 자들을 생각하며 저
희 행실의 종말을 주의하여 보고 저희 믿음을 본받으라7 … 너희를 인도

---

10) "시내 산에서 말하던 그 천사와 및 우리 조상들과 함께 광야 교회에 있었고 또 생명
의 도를 받아 우리에게 주던 자가 이 사람이라38 우리 조상들이 모세에게 복종치 아
니하고자 하여 거절하며 그 마음이 도리어 애굽으로 행하여39"(행 7:38~39)
이 본문은 스데반이 공회(산헤드린) 앞에서 한 복음 변증입니다. 스데반은 광야시대
의 금송아지 사건을 새 시대(출애굽)를 거절하고 옛 시대(애굽)로 돌아가는 일종의 배
교 사건으로 해석합니다. 스데반은 이 사건을 스데반 당대 유대인들이 새 모세이신
예수 그리스도께서 가져온 새 출애굽 – 출(出) 죄악. 출(出) 사망 – 을 거절한 것으로
연결합니다. 히브리서도 이와 동일한 주제와 내용을 담고 있습니다.

여기서도 **교회의 구성원은 직분자들과 회중**입니다. 이 말씀과 함께 수신자 교회는 공적 모임을 귀하게 여겨야 한다는 엄중한 경고를 받습니다.

결론적으로, 가정예배가 공예배, 즉 온 교회가 한 자리에 모이는 예배를 대신할 수 있다는 생각은 성경적 근거가 없습니다. 오히려 공예배에서 선포된 하나님의 말씀을 되새기고, 믿음을 더욱 견고히 하며, 이를 거룩한 삶으로 실천하기 위해 각 가정은 자주 모여야 합니다. 즉 가정예배family worship는 공예배Public Service/Lord's Day Service의 중요성을 더욱 확인하고 이를 적용하기 위한 그리스도인의 삶의 여러 자태 중 한 측면이지 공예배를 대신할 수 없습니다. **신약시대에는 이 땅 위에 중앙 성소가 따로 없습니다. 그렇다고 해서 공예배를 경홀히 여겨서는 안 됩니다. 예배당 건물 자체가 거룩한 것도 아니며, 모이는 장소 자체가 거룩한 것도 아니지만, 거룩한 백성이 다함께 한 자리에 모여 거룩하신 하나님께 예배함이 마땅합니다.** 바로 이 때문에 우리 교회의 질서는 공예배를 이렇게 규정합니다.

"예배는 예수 그리스도를 믿음으로 구원을 받고 하나님의 자녀가 된 신자들이 하나님의 은혜에 보답[11]하는 대표적인 행위이며 시간과 공간을 초월하신 하나님은 무소부재 하시므로 신자들은 언제 어디서든지 예배할 수 있으나 특별히 성별된 장소에서 주님이 부활하신 주의 날에 함께 모여 공동으로 예배드리는 것이 마땅하다."(대한예수교장로회-고신-교회 헌법 예배지침 1:2.1)

---

11) 필자는 "보답" 대신 "감사"라는 단어를 사용하는 것이 더 성경적이라고 생각합니다.

1. 장로교회와 개혁교회의 선조들이 가정예배를 소중히 여긴 이유가 무엇입니까?

2. 빌레몬서와 골로새서는 많은 공통점을 가지고 있습니다. 두 서신의 인간 저자와 감옥에 갇힌 그의 상황이 동일하고, 수신자와 전달자 그리고 문안하는 사람들이 각각 동일합니다. 이러한 사실이 의미하는 바가 무엇입니까?

3. 빌레몬서의 내용은 어떤 점에서 개인적인 차원을 넘어서는 공교회적 의미가 있습니까?
   ①골로새서와의 관계:

   ②빌레몬서의 자증:

4. 골로새교회와 고린도교회가 개인의 집에서 모였는데도 왜 흔히 생각하는 가정예배와 다릅니까?

5. 히브리서는 교회의 공적 모임과 함께 누구를 본받고, 순복할 것을 말씀합니까?

6. 한 걸음 더 주일 공예배 설교를 주중에 기억합니까? 다시 생각하면서 되새깁니까? 그리고 그 말씀이 주중의 삶에서 능력으로 나타나고 있습니까? 그렇지 않다면, 이를 가능하게 하는 방법이 무엇이겠습니까?

생존과 예배

"아담이 다시 아내와 동침하매 그가 아들을 낳아 그 이름을 셋이라 하였으니 이는 하나님이 내게 가인의 죽인 아벨 대신에 다른 씨를 주셨다 함이며25 셋도 아들을 낳고 그 이름을 에노스라 하였으며 그 때에 사람들이 비로소 여호와의 이름을 불렀더라26"(창 4:25~26)

"그러나 내가 이스라엘 가운데 칠천 인을 남기리니 다 무릎을 바알에게 꿇지 아니하고 다 그 입을 바알에게 맞추지 아니한 자니라"(왕상 19:18)

"누구든지 여호와의 이름을 부르는 자는 구원을 얻으리니 이는 나 여호와의 말대로 시온 산과 예루살렘에서 피할 자가 있을 것임이요 남은 자 중에 나 여호와의 부름을 받을 자가 있을 것임이니라"(욜 2:32)

"천하에서 지극히 순수한 교회라 하더라도 혼합과 오류에서 벗어날 수 없다. 더러는 그리스도의 교회임을 멈추고 사탄의 회가 될 정도로 타락하였다. 그럼에도 불구하고 이 땅에는 하나님의 뜻을 따라 그분을 예배하는 교회가 항상 있을 것이다."(웨스트민스터 신앙고백서 25:5)

제8장

생존과 예배

| 거짓 예배의 성행

아담의 아들 가인은 거짓 예배자입니다. 살인자입니다. 배교자입니다. 출교당한 그[1]는 사적인 앙갚음으로부터 자신을 지켜주시겠다는 하나님

---

1) 선악을 알게 하는 나무의 열매를 먹음으로 성례적 범죄를 저지른 아담이 동산/성소로부터 쫓겨났다면, 형제 아벨을 죽임으로 살인의 범죄를 저지른 가인은 땅에서 쫓겨납니다. 생명나무로의 접근이 차단된 아담이 수찬 정지를 당했다면, 땅에 정착해서는 안 되는 벌을 받은 가인은 출교당합니다. 아담의 범죄는 후에 북 이스라엘의 초대 왕 여로보암에게로 이어집니다. 금송아지를 만들어 섬김으로 예배적 범죄를 저지른 여로보암 역시 자신이 만든 거짓 성소와 제단에서 심판을 선고받습니다(왕상 13:1~5). 가인의 범죄는 후에 북 이스라엘의 가장 악한 왕 아합으로 이어집니다. 바알 종교를 수입하여 구약 교회(이스라엘) 전체를 이방 땅으로 변화시킨 아합은 땅에서 심판을 받습니다(왕상 21:19,24, 22:38). 이런 점에서 볼 때, 여로보암에게서 타락한 새 아담의 모습을, 아합에게서 새 가인의 모습을 발견할 수 있습니다. 하나님께서는 그 행위대로 심판하십니다. 눈은 눈으로, 이는 이로, 생명은 생명으로, 성소는 성소로, 땅은 땅으로! 십계명은 더럽혀진 성소와 땅을 거룩하게 회복하시는 하나님의 구원 계획과 성취를 보여줍니다. 전반부는 성소의 거룩, 후반부는 땅의 거룩에 대한 명령이기 때문입니다. 십계명의 구조와 그 내용에 대한 좀 더 상세한 설명으로는 "제3장 십계명과 예배"를 참고하십시오.

의 약속을 불신합니다. 그래서 스스로를 지키기 위해 자신의 성(국가)을 건축한 군주가 됩니다(참고. 창 4:17).

그의 후손 라멕(창 4:19~24)은 모든 면에서 자신의 선조 가인을 능가합니다.

> "라멕이 두 아내를 취하였으니 하나의 이름은 아다요 하나의 이름은 씰라며19 아다는 야발을 낳았으니 그는 장막에 거하여 육축 치는 자의 조상이 되었고20 그 아우의 이름은 유발이니 그는 수금과 퉁소를 잡는 모든 자의 조상이 되었으며21 씰라는 두발가인을 낳았으니 그는 동철로 각양 날카로운 기계를 만드는 자요 두발가인의 누이는 나아마이었더라22 라멕이 아내들에게 이르되 아다와 씰라여 내 소리를 들으라 라멕의 아내들이여 내 말을 들으라 나의 창상을 인하여 내가 사람을 죽였고 나의 상함을 인하여 소년을 죽였도다23 가인을 위하여는 벌이 칠 배일찐대 라멕을 위하여는 벌이 칠십 칠 배이리로다 하였더라24"(창 4:19~24)

라멕은 성경 기록상 최초의 중혼자(重婚者)로서 하나님께서 세우신 거룩한 혼인제도의 원리를 파괴합니다. 또한 그는 폭군tyrant입니다. 그의 세 아들은 의식주(야발), 문화와 예술(유발), 안보와 전쟁(두발가인)을 장악합니다. 그는 가인을 능가하는 복수잔혹극의 주인공입니다. 그래서 자신에게 타박상 정도의 경상을 입힌 상대를 잔인하게 죽입니다. 이를 통해 누구도 감히 자신의 자리를 넘보지 못하게 만듭니다. 그러나 뭐니 뭐니 해도 그가 달성한 최고의 과업은 **거짓 예배를 창시**한 일입니다. 그는 자신의 범죄를 정당화하기 위해 하나님의 약속을 과감히 도용합니다. 자신의 선조 가인을 지켜 주시겠다던 하나님의 약속(창 4:15)

을 자신에게 적용하고 확장하여 찬송을 만들어냅니다.[2] 겉으로는 아내들에게 헌정하는 곡이지만, 사실 이는 라멕의 통치 원리를 온 세상에 퍼뜨리는 일종의 계몽가입니다. 그는 거짓 예배를 창시하고, 이를 찬송의 형태로 만들어 온 세상에 퍼뜨립니다.

> "라멕이 아내들에게 이르되 아다와 씰라여 내 소리를 들으라 라멕의 아내들이여 내 말을 들으라 나의 상창을 인하여 내가 사람을 죽였고 나의 상함을 인하여 소년을 죽였도다23 가인을 위하여는 벌이 칠 배일진대 라멕을 위하여는 벌이 칠십 칠 배이리로다 하였더라24"(창 4:23~24)

| 하나님의 응전 1: 생존

거짓 예배자들의 이러한 도전에 대해 하나님께서는 어떻게 응전하십니까? 그 첫 번째 방식은 (놀랍게도) **'생존'**입니다. 성경은 살인자 라멕의 기사 바로 다음에 이와 대조되는 계보 하나를 소개합니다.

> "아담이 다시 아내와 동침하매 그가 아들을 낳아 그 이름을 셋이라 하였으니 이는 하나님이 내게 가인의 죽인 아벨 대신에 다른 씨를 주셨다 함이며25 셋도 아들을 낳고 그 이름을 에노스라 하였으며 그 때에 사람들이 비로소 여호와의 이름을 불렀더라26"(창 4:25~26)

배교자 가인(요일 3:12; 유 11)이 의로운 자, 믿음의 사람 아벨(히 11:4)을 죽입니다. 거짓 예배자가 참 예배자를 죽입니다. 그리고 이 거짓 예배

---

2) 찬송은 본래 하나님의 약속을 노래라는 그릇에 담은 신앙고백이기 때문입니다. 라멕의 노래는 하나님께서 가인에게 주신 약속을 확장하고 적용하는 내용을 담고 있습니다.

자의 후예 라멕은 고대 사회의 강력한 군주가 되어 거짓 찬송을 작사, 작곡하여 온 세상에 퍼뜨립니다.[3]

이에 대한 하나님의 응전은 경건한 씨(자손)를 주어 이 세상에 보존하는 방식으로 나타납니다. 강포를 일삼는 거짓 예배자들의 이 거대한 패권에 대한 하나님의 응전이 겨우 '생존'이라니! 정말 답답할 노릇이 아닙니까? 거짓 예배자들이 온갖 권력(장막, 문화예술, 금속제조, 창 4:20~22)을 장악하고 있는데, 고작 '생존'이라니요? 강력한 교권주의 아래 신음하는 이들은 자주 이렇게 질문합니다.

"하나님, 우리를 버리셨나요?"

그러나 '생존'이 얼마나 엄청난 것인지 알게 되면 그 마음이 달라질 것입니다. 자녀를 낳아 생존하고 있는 이스라엘은 애굽과 그 왕 바로에게 큰 두려움을 일으킵니다.

"그가 그 신민에게 이르되 이 백성 이스라엘 자손이 우리보다 많고 강하도다9 자, 우리가 그들에게 대하여 지혜롭게 하자 두렵건대 그들이 더 많게 되면 전쟁이 일어날 때에 우리 대적과 합하여 우리와 싸우고 이 땅에서 갈까 하노라 하고10"(출 1:9~10)

아합과 이세벨에게 엘리야와 경건한 무리는 속속들이 색출하여 죽이지 않으면 발 뻗고 잠을 잘 수 없는 큰 위협입니다.

---

3) 그러므로 창세기 4장이 우선적으로 보여주는 내용은 (세상과 교회 사이의 전쟁이라기보다는) 거짓 교회(배교자)와 참 교회(믿음의 씨) 사이의 전쟁입니다. 이는 창 3:15의 예언이 계속 전개되고 있음을 보여줍니다.

"당신의 하나님 여호와의 사심을 가리켜 맹세하노니 내 주께서 사람을 보내어 당신을 찾지 아니한 족속이나 나라가 없었는데 저희가 말하기를 엘리야가 없다 하면 그 나라와 그 족속으로 당신을 보지 못하였다는 맹세를 하게 하였거늘10 이제 당신의 말씀이 가서 네 주에게 고하기를 엘리야가 여기 있다 하라 하시나11 내가 당신을 떠나간 후에 여호와의 신이 나의 알지 못하는 곳으로 당신을 이끌어 가시리니 내가 가서 아합에게 고하였다가 저가 당신을 찾지 못하면 내가 죽임을 당하리이다 당신의 종은 어려서부터 여호와를 경외하는 자라12 이세벨이 여호와의 선지자들을 죽일 때에 내가 여호와의 선지자 중에 일백 인을 오십 인씩 굴에 숨기고 떡과 물로 먹인 일이 내 주께 들리지 아니하였나이까13 이제 당신의 말씀이 가서 네 주에게 고하기를 엘리야가 여기 있다 하라 하시니 그리하면 저가 나를 죽이리이다14 엘리야가 이르되 내가 모시는 만군의 여호와의 사심을 가리켜 맹세하노니 내가 오늘날 아합에게 보이리라15 오바댜가 가서 아합을 만나 고하매 아합이 엘리야를 만나려 하여 가다가16 엘리야를 볼 때에 저에게 이르되 이스라엘을 괴롭게 하는 자여 네냐17"(왕상 18:10~17)

"아합이 엘리야의 무릇 행한 일과 그가 어떻게 모든 선지자를 칼로 죽인 것을 이세벨에게 고하니1 이세벨이 사자를 엘리야에게 보내어 이르되 내가 내일 이맘때에는 정녕 네 생명으로 저 사람들 중 한 사람의 생명 같게 하리라 아니하면 신들이 내게 벌 위에 벌을 내림이 마땅하니라 한지라2 … 저가 대답하되 내가 만군의 하나님 여호와를 위하여 열심이 특심하오니 이는 이스라엘 자손이 주의 언약을 버리고 주의 단을 헐며 칼로 주의 선지자들을 죽였음이오며 오직 나만 남았거늘 저희가 내 생명을 찾아 취하려 하나이다10 … 저가 대답하되 내가 만군의 하나님 여호와를 위하여 열심이 특심하오니 이는 이스라엘 자손이 주의 언약을 버리고 주의 단을 헐며 칼로 주의 선지자들을 죽였음이오며 오직 나만 남았거늘 저희가 내 생명을 찾아 취하려 하나이다14"(왕상 19:1~2,10,14)

헤롯(들)과 이스라엘의 종교 지도자들에게 예수 그리스도와 세례 요한의 존재는 그 자체로 큰 공포입니다.

"헤롯 왕 때에 예수께서 유대 베들레헴에서 나시매 동방으로부터 박사들이 예루살렘에 이르러 말하되1 유대인의 왕으로 나신 이가 어디 계시뇨 우리가 동방에서 그의 별을 보고 그에게 경배하러 왔노라 하니2 헤롯 왕과 온 예루살렘이 듣고 소동한지라3 … 이에 헤롯이 박사들에게 속은 줄을 알고 심히 노하여 사람을 보내어 베들레헴과 그 모든 지경 안에 있는 사내 아이를 박사들에게 자세히 알아본 그 때를 표준하여 두 살부터 그 아래로 다 죽이니16"(마 2:1~3,16)

"그 중에 어떤 자는 바리새인들에게 가서 예수의 하신 일을 고하니라46 이에 대제사장들과 바리새인들이 공회를 모으고 가로되 이 사람이 많은 표적을 행하니 우리가 어떻게 하겠느냐47 만일 저를 이대로 두면 모든 사람이 저를 믿을 것이요 그리고 로마인들이 와서 우리 땅과 민족을 빼앗아 가리라 하니48 그 중에 한 사람 그 해 대제사장인 가야바가 저희에게 말하되 너희가 아무것도 알지 못하는도다49 한 사람이 백성을 위하여 죽어서 온 민족이 망하지 않게 되는 것이 너희에게 유익한 줄을 생각지 아니하는도다 하였으니50 이 말은 스스로 함이 아니요 그 해에 대제사장이므로 예수께서 그 민족을 위하시고51 또 그 민족만 위할 뿐 아니라 흩어진 하나님의 자녀를 모아 하나가 되게 하기 위하여 죽으실 것을 미

아벨보다 의로운 자 예수 그리스도(마 23:35; 눅 11:51; 히 12:24)를 살해한 이들에게 사도들과 경건한 씨(교회)의 생존은 두려움의 대상입니다(참고. 사도행전 전체). 교황과 그의 하수인들은 루터와 츠빙글리와 칼빈, 그리고 그들을 따르는 경건한 씨의 생존이 자신들에게 얼마나 큰 시한폭탄이 될지 너무나도 잘 압니다. 사탄은 경건한 씨가 생존하는 것을 두려워합니다. 그래서 자신의 모든 지혜와 능력을 쏟아 부어 이를 말살하려 합니다(참고. 욥기, 에스더, 요한계시록 12장).

경건한 씨의 생존은 약하게 보이지만 실상은 거짓 예배자들에 대한 하나님의 강력한 응전 방식입니다. 거짓 예배자들이 죽이면 죽일수록 하나님께서는 끊임없이 이 세상에 경건한 씨를 남겨두십니다. 한때 엘리야는 자신을 생존시켜두었다고 하나님께 항변합니다.

그러나 하나님 역시 생존으로 그에게 대답하십니다.

북이스라엘 왕국의 타락상을 고발하는 요엘에게도 똑같은 답을 주십
니다.

살해당한 어린양 예수 그리스도의 피가 흘러내린 바로 그 자리에 사
도들과 초대교회라는 새 싹이 돋아나 생존합니다.

보헤미아Bohemia[5]의 얀 후스(Jan Hus, 1369~1415)[6]가 화형을 당합니다.
스위스의 츠빙글리(Ulrich Zwingli, 1484~1531)는 교황주의자들과 맞서 싸

---

4) 이 구절에서의 "한 알의 밀"은 예수 그리스도를 가리킵니다. 그리고 "많은 열매"는 예
수 그리스도의 대속의 죽음을 통해 구원받는 자들을 가리킵니다. 사도들과 초대교회,
그리고 공교회(Catholic Church)에 속한 모든 그리스도인은 예수 그리스도의 대속의
죽음을 통해 탄생하고 보존되는 경건한 씨입니다.
5) 오늘날 체코의 서부지역을 가리킵니다. 동부는 모라비아(Moravia)라 불렸습니다.
6) 루터의 종교개혁이 일어나기 약 100년 전에 활동하다 순교한 개혁자입니다.

우는 전투에 군목으로 참전해 카펠 전투에서 전사합니다. 네덜란드의 귀도 드 브레(Guido de Bres, 1522~1567)[7]는 처형을 당합니다. 영국의 윌리엄 틴들(William Tyndale, 1494~1536)[8]은 교살 후 화형을, 그리고 토머스 크랜머(Thomas Cranmer, 1489~1556)[9] 역시 화형에 처해집니다. 그러나 하나님께서는 그 대신 그들의 설교, 신앙고백서, 자국어로 번역된 수만 권의 성경, 그리고 셀 수 없는 경건한 씨를 남겨두십니다. 주기철(1897~1944)[10]과 손양원(1902~1950)[11]이 순교하지만, 하나님께서는 우상에게 절하지 않는 수많은 경건한 씨를 생존시키십니다.

"… 저가 죽었으나 그 믿음으로써 오히려 말하느니라"(히 11:4)

타락한 예배의 향연 속에 자신이 고작 생존해 있다는 사실을 더 이상 불평의 이유로 삼지 마십시오. 오히려 그것이야말로 살아계신 하나님의 강력한 능력이 나타나고 있는 현장이기 때문입니다. 부디 생존하십시오. 그리고 여러분의 자녀를 언약의 씨로 남겨두십시오. 그렇게 하고 있다면 여러분은 사탄과 그의 추종자들에게 이미 큰 공포의 대상입니다.

---

7) 개혁교회의 신앙고백 중 하나인 벨직(또는 네덜란드) 신앙고백서(1561년)를 작성한 목사입니다.
8) 영국의 개혁자로 유럽으로 피신하여 성경을 영어로 번역하고 보급하는데 일생을 바쳤습니다.
9) 영국의 개혁자로 헨리 8세가 로마 교황청과의 관계를 끊고 성공회를 시작하는데 결정적으로 기여했습니다. 캔터베리 대주교로 임명되어 영국 교회의 개혁을 주도했습니다. 그러나 천주교도인 메리 – 피의 메리로 널리 알려진 – 여왕의 치세에 반역자와 이단자로 몰려 순교했습니다.
10) 일제강점기의 장로교 목사로서 신사참배를 반대하다 옥사했습니다.
11) 일제강점기에 신사참배를 반대하다 옥고를 치렀고, 전도사 생활 약 20년 만인 1946년 장로교 목사가 되었습니다. 1948년 자신의 두 아들을 죽이고 사형 직전에 있던 공산주의자를 양아들로 삼았으며, 1950년 한국 전쟁 중 공산군에 의해 총살당했습니다.

| 하나님의 응전 2: 예배

이제까지 우리는 생존이야말로 거짓 교회에 대한 하나님의 응전의 대표적인 방식임을 보았습니다. 그런데 무조건 생존하기만 하면 됩니까?

일제강점기에 한국 교회는 생존이라는 명분을 내세워 일본 귀신의 이름으로 세례를 받고(미소기바라이, 신도침례), 동방요배에 참여합니다. 그러면서 이 모든 것이 국가의례일 뿐이라고 주장합니다. 그들은 이를 우상숭배라 지적하고 회개를 권하는 형제들을 출교함으로써 배교자요 살인자가 됩니다.

사실 한국 교회의 이 모습은 가인의 행적과 닮은꼴입니다. 그는 거짓 예배자에서 시작하여 마침내 살인자가 됩니다. 이후 그는 땅에 정착하지 말라는 하나님의 징벌을 거역하여 에덴 동편 놋 땅에 정착합니다(창 4:12,16). 또한 그는 하나님께서 주신 표를 불신하여 스스로를 지키려고 성을 건축합니다(창 4:15,17). 가인이 살아 있어 인터뷰를 한다면, 생존을 위한 선택이었다고 대답할 것입니다. 가인이 씨 뿌리고 라멕이 꽃 피운 이 배교에 대한 하나님의 응전은 첫째 거룩한 씨(자손)의 '생존'입니다. 그러나 이 생존은 다른 한 가지와 직결되어 있다는 점에서 가인의 생존 방식과 다릅니다. 그것은 바로 **'예배'**입니다.

가인 계열과 대조되어 나타나는 셋 계열의 계보에는 이 말씀이 덧붙여져 있습니다.

"… 그 때에 사람들이 비로소 **여호와의 이름을 불렀더라**"(창 4:26)

'여호와의 이름을 부르다'는 이 표현은 일종의 숙어인데, 성경 특히 창세기에서 언제나 **'예배하다'**는 뜻으로 사용됩니다.

"거기서 벧엘 동편 산으로 옮겨 장막을 치니 서는 벧엘이요 동은 아이라 그가 그 곳에서 여호와를 위하여 단을 쌓고 **여호와의 이름을 부르더니**"(창 12:8)

"그가 처음으로 단을 쌓은 곳이라 그가 거기서 **여호와의 이름을 불렀더라**"(창 13:4)

"아브라함은 브엘세바에 에셀나무를 심고 거기서 영생하시는 하나님 **여호와의 이름을 불렀으며**"(창 21:33)

"이삭이 그 곳에 단을 쌓아 **여호와의 이름을 부르고** 거기 장막을 쳤더니 그 종들이 거기서도 우물을 팠더라"(창 26:25)

십계명의 제3계명 역시 그러합니다. "여호와의 이름을 망령되게 일컫"(출 20:7; 신 5:11)는 대표적인 사람들은 거짓 선지자들과 타락한 제사장들입니다. 그들이 거짓 계시를 전하면서 '이는 여호와의 말씀'이라 주장할 때, 그리고 거짓 제사를 드리면서 '이는 여호와께서 받으실 만한 제사'라 가르칠 때, 높으신 하나님의 이름이 모욕을 받습니다. 예배는 자기 이름을 높이기 위해 짝퉁 성전을 건설(창 11:4[12])하는 대신,

---

12) "또 말하되 자. 성과 대를 쌓아 대 꼭대기를 하늘에 닿게 하여 우리 이름을 내고 온 지면에 흩어짐을 면하자 하였더니"(창 11:4)
시날 땅에 모인 사람들은 "성과 대"를 건설합니다. "성"은 국력을 과시하는 통치 기반이며, "대"는 고대의 신전(temple)으로서 이데올로기를 통합하는 종교 기반입니다. 창세기 11장의 바벨의 성과 대 건축은 바로 다음 창세기 12장의 아브라함 소명과 대조됩니다. 하나님께서는 거짓 성전(예배)과 인간의 나라 대신 믿음의 선조 아브라함과 그의 후손 이스라엘을 통해 참 성전(예배)과 가나안 땅(하나님께서 다스리시는 나라)을 건설하십니다.

오직 여호와의 이름을 높임으로 가능합니다. 성막/성전을 가리켜 "여호와께서 자기 이름을 두시려고 택하신 곳"(신 12:5,11,21, 14:23~24, 16:2,6~7,11, 26:2)이라 하는 이유가 이 때문입니다.

창세기 4장에는 두 종류의 계보가 대조되어 나타납니다. 한쪽(가인 계열)은 하나님의 계시와 무관한 생존 투쟁을 벌이며, 순전히 자신의 뜻에 맞추어 찬송을 제작하고 배포합니다. 다른 한쪽(셋 계열)은 경건한 씨(자손)를 출산하고 양육함으로 생존하며, 참되신 하나님 여호와의 이름을 부릅니다. 그러므로 **성경 역사는 이 양자 즉 참 교회와 거짓 교회 간의 예배**(예전) **전쟁**liturgical war**의 역사**이기도 합니다.

왕국시대에 라멕의 노래가 다시 꽃피운 시기는 아합 치세입니다. 아합은 이스라엘의 생존이라는 미명 하에 하나님의 금령을 어기고 전략적 요충지인 여리고에 (하수인 히엘을 시켜) 성을 재건합니다(수 6:26; 왕상 16:34). 그의 이 생존 전략은 이방 시돈의 공주 이세벨과의 정략결혼을 통해 강화됩니다(왕상 16:31). 그리고 구약 교회 이스라엘에 이방 종교인 바알과 아세라 숭배를 들여옴으로써 절정에 이릅니다(왕상 16:31~33). 아합이 살아 있어 인터뷰를 한다면, 당대 교회의 생존을 위한 선택이었다고 대답할 것입니다. 그는 새 가인, 새 라멕입니다.

이에 맞서 하나님께서도 엘리야를 통해 '생존'뿐 아니라 '예배'라는 응전을 시작하십니다.

"그러나 내가 이스라엘 가운데 칠천 인을 남기리니(필자 주: **생존**) 다 무릎을 바알에게 꿇지 아니하고 다 그 입을 바알에게 맞추지 아니한 자니라 (필자 주: **예배**)"(왕상 19:18)

타락한 시대에 살던 선지자 요엘에게 약속하신 것 역시 바로 이 두

가지입니다.

> "누구든지 여호와의 이름을 부르는(필자 주: **예배**하는) 자는 구원을 얻으리
> 니 이는 나 여호와의 말대로 시온 산과 예루살렘에서 피할 자가 있을 것
> 임이요 남은 자 중에 나 여호와의 부름을 받을 자가 있을 것임이니라(필
> 자 주: **생존**)"(욜 2:32)

요엘 선지자에게 주신 이 예언의 말씀은 마침내 오순절 성령 강림으
로 성취됩니다. "아벨의 피보다 더 낫게 말하는 뿌린 피"(히 12:24)로 생
존한 자들이 하나님의 이름을 부르고, 라멕의 노래 대신 하나님께서
행하신 "큰 일"을 노래하기 시작합니다.

> "그레데인과 아라비아인들이라 우리가 다 우리의 각 방언으로 **하나님의
> 큰 일을 말함**[13]을 듣는도다 하고[11] … 누구든지 주의 이름을 부르는 자는
> 구원을 얻으리라 하였느니라[21]"(행 2:11, 21)

바로 그때, 이 땅 위에 그분을 예배하는 공동체(신약 교회)가 탄생합니
다.

> "그 말을 받는 사람들은 세례를 받으매 이 날에 제자의 수가 삼천이나 더
> 하더라[41] 저희가 사도의 가르침을 받아 서로 교제하며 떡을 떼며 기도하
> 기를 전혀 힘쓰니라[42]"(행 2:41~42)

---

13) "하나님의 큰 일을 말함"에 대한 보다 상세한 주해, 그리고 그것이 갖는 찬송의 특징
  과 예배적 의미에 대해서는 권기현, 『방언이란 무엇인가』, 90~137을 참고하십시오.

오늘날에는 다릅니까? 하나님의 계시와는 무관한, 인간이 고안한 수많은 새로운 예배 형태가 등장하고 있습니다. 교회의 생존이라는 미명 하에 세속의 온갖 문화가 거꾸로 교회 안으로 유입되고 있습니다. 정말 그렇게 해도 괜찮습니까? '뭐 이런 것쯤이야'하고 가볍게 생각해도 됩니까?

"… 그러나 **참 하나님께서는 자기에게 예배드리는 것에 관한 받음직한 방식을 직접 제정하시고 자기가 계시하신 뜻으로 제한**하셨으니, 사람의 고안물이나 상상, 혹은 사탄의 제안을 따라, 혹은 보이는 형상 아래에서, 혹은 **성경에 지시되어 있지 않은 방식으로 하나님을 예배해서는 안 된다.**"(웨스트민스터 신앙고백서 21:1)

"문: 제2계명에서 요구하는 것은 무엇입니까?
답: 제2계명에서 요구하는 것은 **하나님께서 그분의 말씀에 정하신 대로** 모든 종교적 경배와 규례를 받아서 준수하고, 순전하고 흠 없이 지키는 것입니다."(소교리 제50문답; 참고. 대교리 제108문답)

"문: 제2계명에서 금하는 것은 무엇입니까?
답: 제2계명에서 금하는 것은 형상을 가지고 하나님을 경배하거나, **그분의 말씀에 정하지 아니한 다른 방법으로 경배**하는 것입니다."(소교리 제51문답; 참고. 대교리 제109문답)

우리는 '생존'과 '예배'를 통한 하나님의 응전을 굳게 믿습니다.

"… 더러는 그리스도의 교회임을 멈추고 사탄의 회가 될 정도로 타락하

였다. 그럼에도 불구하고 **이 땅에는 하나님의 뜻을 따라 그분을 예배하
는 교회가 항상 있을 것이다.**"(웨스트민스터 신앙고백서 25:5)

1. 가인의 후손 라멕은 어떤 점에서 거짓 예배와 관련되어 있습니까?

2. '생존'이 하나님의 구속역사에 있어서 매우 적극적인 방식이라는 생각을 해본 일이 있습니까? 서로의 생각을 솔직하게 나누어봅시다.

3. "여호와의 이름을 불렀더라"는 어떤 의미를 가진 표현입니까?

4. 아합 치세에 하나님께서 선지자 엘리야를 통해 약속하신 말씀이 무엇입니까? 그리고 이 말씀이 '생존'과 '예배'라는 두 가지 주제와 무슨 관련이 있습니까?

5. 선지자 요엘의 예언은 언제, 어떤 사건을 통해 성취되었습니까?

6. 한 걸음 더 웨스트민스터 신앙고백서 25장 5절에는 '생존'과 '예배'라는 주제가 어떤 문장을 통해 나타납니까? 나는 이 신앙고백대로 정말 믿습니까? 그러면 지금부터 해야 할 일이 무엇인지 말해봅시다.

오직 하나님께 영광!

"여호와께서 모세에게 일러 가라사대12 너는 이스라엘 자손에게 고하여 이르기를 너희는 나의 안식일을 지키라 이는 나와 너희 사이에 너희 대대의 표징이니 나는 너희를 거룩하게 하는 여호와인 줄 너희로 알게 함이라13 너희는 안식일을 지킬찌니 이는 너희에게 성일이 됨이라 무릇 그 날을 더럽히는 자는 죽일찌며 무릇 그 날에 일하는 자는 그 백성 중에서 그 생명이 끊쳐지리라14 엿새 동안은 일할 것이나 제 칠 일은 큰 안식일이니 여호와께 거룩한 것이라 무릇 안식일에 일하는 자를 반드시 죽일찌니라15 이같이 이스라엘 자손이 안식일을 지켜서 그것으로 대대로 영원한 언약을 삼을 것이니16 이는 나와 이스라엘 자손 사이에 영원한 표징이며 나 여호와가 엿새 동안에 천지를 창조하고 제 칠 일에 쉬어 평안하였음이니라 하라17 여호와께서 시내 산 위에서 모세에게 이르시기를 마치신 때에 증거판 둘을 모세에게 주시니 이는 돌판이요 하나님이 친히 쓰신 것이더라18"(출 31:12∼18)

"모세가 이스라엘의 온 회중을 모으고 그들에게 이르되 여호와께서 너희에게 명하사 행하게 하신 말씀이 이러하니라1 엿새 동안은 일하고 제 칠 일은 너희에게 성일이니 여호와께 특별한 안식일이라 무릇 이 날에 일하는 자를 죽일지니2 안식일에는 너희의 모든 처소에서 불도 피우지 말지니라3"(출 35:1∼3)

"그 후에 구름이 회막에 덮이고 여호와의 영광이 성막에 충만하매34 모세가 회막에 들어갈 수 없었으니 이는 구름이 회막 위에 덮이고 여호와의 영광이 성막에 충만함이었으며35 구름이 성막 위에서 떠오를 때에는 이스라엘 자손이 그 모든 행하는 길에 앞으로 발행하였고36 구름이 떠오르지 않을 때에는 떠오르는 날까지 발행하지 아니하였으며37 낮에는 여호와의 구름이 성막 위에 있고 밤에는 불이 그 구름 가운데 있음을 이스라엘의 온 족속이 그 모든 행하는 길에서 친히 보았더라38"(출 40:34∼38)

제9장

오직 하나님께 영광!

현대 복음주의 교회들evangelistic churches[1]의 예배에는 한편으로는 예배 순서들이 간명하게 축소되어 있습니다. 다른 한편으로는 많은 볼거리들로 넘쳐납니다. 드럼과 각종 악기들을 동원한 화려한 밴드 연주, 다채로운 화음을 가미한 찬양 팀과 율동, 축하와 인사, 환영식과 박수, 재미있고 길지 않은 설교, 대형 스크린과 영상, 주여 삼창과 통성기

---

1) 여기서 필자가 말하는 '복음주의 교회(evangelistic church)'란 성경의 모든 교리들을 균형 있게 전하기보다는 주로 회심(conversion)과 복음전도(evangelism)에 거의 모든 관심을 집중하는 교회를 의미합니다. 이런 교회들은 교회사의 신조들과 신앙고백, 은혜의 방편과 교회의 표지, 직분과 교회정치, 예전(liturgy)의 중요성을 그리 깊이 인식하지 않습니다. 이러한 교회를 '복음주의 교회(evangelistic church)'라고 표현한 이유는 '복음적 교회(evangelical church)'와의 구별을 위해서입니다. 복음적 교회(evangelical church)는 로마 천주교, 자유주의(liberalism) 교회와 구별되어 성경의 영감(inspiration)과 무오성(inerrancy) 그리고 역사성과 참된 교리를 수호하는 교회를 뜻합니다. 성경의 영감을 믿는 장로교회와 개혁교회는 복음적 교회(evangelical church)이지만, 복음주의 교회(evangelistic church)와는 구별됩니다.

도…. 예전에 외국에서 이런 예배에 참석해본 적이 있었습니다.

그러나 항상 주의해야 할 원리가 있습니다. 예배의 본질은 사람의 마음을 즐겁게 하고 만족시키기 위한 것이 아닙니다. 이 시간에는 오직 하나님의 영광만이 드러나야 합니다. 그래서 그분께만 모든 칭송을 올려드려야 합니다. 이것이 하나님께서 우리에게 복 주시는 예배입니다.

| 출애굽기 제3부: 성막과 예배

필자는 "제1장 언약과 예배"에서 출애굽기가 크게 세 부분으로 구성되어 있음을 밝혔습니다. 이를 장소의 이동에 따라 그림 5로 나타낼 수 있습니다.

A. 제1부(1~18장)	**구원받은 교회**	애굽에서 시내 산으로
B. 제2부(19~24장)	**제사장 나라가 된 교회**	시내 산 언약
C. 제3부(25~40장)	**예배하는 교회**	성막 건축

그림 5. 출애굽기의 구조: 장소의 이동과 함께

이는 애굽에서 구원받은 이스라엘(구약 교회)이 예배 공동체임을 보여줍니다. 위의 구조를 그 변화된 신분에 따라 그림 6과 같이 교차대구 구조chiasmus로 나타낼 수 있습니다.

A. 제1부(1~18장)	구원	**노예**slaves: 바로의 집(성) 건축
B. 제2부(19~24장)	제사장 나라	시내 산 언약
A´. 제3부(25~40장)	예배	**종**servants: 하나님의 집(성막) 건축

그림 6. 출애굽기의 구조: 변화된 신분과 함께

이 중 세 번째 단락인 성막 건축 부분 역시 세 개의 큰 단락으로 나누어지는데, 이 역시 교차대구 구조chiasmus를 이루고 있습니다.

a. 첫 번째 단락(25~31장)　　　**계시**　　　**성막 건축 명령**: 정하신 말씀(양식)대로
　b. 두 번째 단락(32장~35:3)　　**배교와 회복**　　**우상**(금송아지)**숭배**
a′. 세 번째 단락(35:4~40장)　　**순종**　　　**성막 건축 시행**: 정하신 말씀(양식)대로

그림 7. 출애굽기 제3부(25~40장)의 구조: 교차대구를 중심으로

| 안식일, 불 그리고 여호와의 영광

그런데 그림 7에 나타난 출애굽기 제3부(25~40장)의 구조에서 주목할 점이 있습니다. 그것은 각 단락의 결론부입니다. 세 단락 모두 성막 자체가 아닌 다른 주제로 끝납니다.

첫 번째 단락(**a**)의 결론은 안식일 규례와 십계명 두 돌판입니다.

"… 너희는 나의 **안식일**을 지키라 이는 나와 너희 사이에 너희 대대의 표징이니 나는 너희를 거룩하게 하는 여호와인 줄 너희로 알게 함이라[13] 너희는 **안식일**을 지킬찌니 이는 너희에게 성일이 됨이라 무릇 **그 날을 더럽히는 자는 죽일찌며 무릇 그 날에 일하는 자는 그 백성 중에서 그 생명이 끊쳐지리라**[14] 엿새 동안은 일할 것이나 **제 칠 일은 큰 안식일이니 여호와께 거룩한 것이라 무릇 안식일에 일하는 자를 반드시 죽일찌니라**[15] 이같이 이스라엘 자손이 **안식일**을 지켜서 그것으로 대대로 영원한 언약을 삼을 것이니[16] 이는 나와 이스라엘 자손 사이에 영원한 표징이며 나 여호와가 엿새 동안에 천지를 창조하고 **제 칠 일**에 쉬어 평안하였음이니라 하라[17] 여호와께서 시내 산 위에서 모세에게 이르시기를 마치신 때에 증거판 둘을 모세에게 주시니 이는 돌판이요 하나님이 친히 쓰신 것이더라[18]"(출 31:13~18)

　여기서 반복되는 표현은 '안식(일)', '거룩', '죽이다'입니다. 25장부터 계속 성막(거룩한 집)에 대해서만 말씀하시던 하나님께서 갑자기 안식일(거룩한 날) 주제를 말씀하심으로 이 단락(출 25~31장)을 끝내십니다. 이를 어길 시에는 반드시 죽는다는 말씀과 함께 말입니다.

　이스라엘의 우상(금송아지)숭배 사건을 다루는 두 번째 단락(b)의 결론도 안식일 규례입니다.

　하나님께서 정해주신 방법대로 예배하라는 교훈이 성막 양식에 집약되어 나타납니다. 그러나 이스라엘 백성들은 자신들이 정한 방식, 자신들이 즐거워하여 만족하는 방식으로 예배합니다. 이는 그들이 금송아지를 만들어 예배하는 것으로 나타납니다.[2] 하나님께서 그들에게 진노하시고 심판하십니다. 그 다음 중보자 모세를 통해 하나님과 이스라엘 간의 관계가 회복됩니다. 그러다 다시 별안간 안식일 주제가 언급되면서 이 단락(32장~35:3)이 끝납니다. 길이는 더 짧지만, 첫 번째 단락의 결론부와 마찬가지로 '안식(일)', '거룩', '죽이다'는 표현이 재등장합니다. 한 가지 추가된 것이 있다면, '불'입니다. 안식일에는 어떤 일이 있어도 이스라엘 백성들이 머무는 각 처소에 불을 피워서는 안 됩니다. 그러면 죽습니다. 도대체 이런 내용이 왜 기록되어 있을까요? 이거 참, 점점 난관입니다.

---

2) 이에 대해서는 "제4장 금송아지와 예배"를 참고하십시오.

하나님께서 정해주신 양식대로 성막을 건축하여 완공한 세 번째 단락(aˊ)의 결론은 좀 다릅니다.

"그 후에 **구름**이 회막에 덮이고 **여호와의 영광**이 성막에 충만하매34 모세가 회막에 들어갈 수 없었으니 이는 **구름**이 회막 위에 덮이고 **여호와의 영광**이 성막에 충만함이었으며35 **구름**이 성막 위에서 떠오를 때에는 이스라엘 자손이 그 모든 행하는 길에 앞으로 발행하였고36 **구름**이 떠오르지 않을 때에는 떠오르는 날까지 발행하지 아니하였으며37 낮에는 **여호와의 구름**이 성막 위에 있고 밤에는 **불**이 그 **구름** 가운데 있음을 이스라엘의 온 족속이 그 모든 행하는 길에서 친히 보았더라38"(출 40:34~38)

이 단락에서는 '안식(일)', '거룩', '죽이다'는 표현이 등장하지 않습니다. 그 대신 "불"과 "여호와의 영광", 그리고 그 영광이 환하게 빛나는 "여호와의 구름"이 등장합니다. 이 불은 이스라엘 백성이 피운 불, 즉 인간에 의해 생긴 불이 아닙니다. 이 불은 영광의 하나님 자신으로부터 나왔습니다. 여호와의 움직이는 보좌를 상징하는 구름[3] 속에 계신

---

3) 일반 다른 구름과는 현저히 구별되는 이 여호와의 영광의 구름을 가리켜 신학자들은 "Shekinah(쉐키나)"라고 부릅니다. 이는 '머물다/거주하다(dwell/inhabit/stay/settle)'를 뜻하는 히브리어 "שָׁכַן(솨칸)"에서 유래한 단어입니다. 구약성경에는 특히 이 영광의 구름이 성막과 성전을 통해 이스라엘 가운데 임하여 머물렀는데, 이것이 바로 "임마누엘" 즉 '하나님께서 우리와 함께 계시다'(참고. 사 7:14; 마 1:23)는 증거가 되었습니다. 같은 뜻을 가진 헬라어 단어 'σκηνόω(스케노오)' 역시 같은 어근에서 유래했다고 볼 수 있습니다. 성경이 이 단어를 사용하여 예수 그리스도의 성육신을 마치 성막처럼 묘사하는 이유도 여기에 있습니다. 히브리어 'שָׁכַן(솨칸)'과 헬라어 'σκηνόω(스케노오)'가 사용된 아래의 구절들은 Shekinah(쉐키나) 구름과 성막, 그리고 성육신의 연관성을 잘 보여줍니다.
"여호와의 영광이 시내 산 위에 **머무르고** 구름이 육 일 동안 산을 가리더니 제 칠 일에 여호와께서 구름 가운데 모세를 부르시니라"(출 24:16)

그분의 영광의 광채를 나타내는 불입니다. 낮에는 구름기둥, 밤에는 불기둥으로 보이는 바로 그 불입니다. 이는 하나님 자신이 불이라는 사실을 알려줍니다. 불이신 그분이 영광의 구름 속에 계셔서 이스라엘을 친히 인도하시는 모습에 대한 상징적 표현입니다.

"네 하나님 여호와는 소멸하는 불이시요 질투하는 하나님이시니라"(신 4:24; 참고. 히 12:29)

이상 세 단락의 결론만 모으면, 다음과 같습니다.

A. 25~31장의 결론   거룩한 집 설계도와 거룩한 날
B. 32장~35:3의 결론   거룩한 날에 금지된 인간의 불
C. 35:4~40장의 결론   거룩한 집 완공과 거기 충만한 여호와의 불

그림 8. 출애굽기 제3부(25~40장)의 구조: 세부 단락의 결론을 중심으로

이상의 내용은 **성막**(거룩한 집) − **안식일**(거룩한 날) − **불**(인간의 불) − **여호와의 영광의 불**(거룩한 불)이 서로 깊은 관련을 가지고 있음을 보여 줍니다.

| 오직 하나님께만 영광을 올려드리는 예배

성막이 거룩한 집이라면 안식일은 거룩한 날입니다. 전자가 '장소(공간)'라면 후자는 '시간'이라는 차이가 있을 뿐 이 둘은 '거룩holiness'이라

"모세가 회막에 들어갈 수 없었으니 이는 구름이 회막 위에 **덮이고** 여호와의 영광이 성막에 충만함이었으며"(출 40:35)
"말씀이 육신이 되어 우리 가운데 **거하시매**(필자 주: 회막을 치시매) 우리가 그 영광을 보니 아버지의 독생자의 영광이요 은혜와 진리가 충만하더라"(요 1:14)

는 관점에서 조화됩니다. 누구든지 '거룩한 장소(성막)'를 훼손한 자는 죽습니다. 마찬가지로 누구든지 '거룩한 날(안식일)'을 침해하는 자도 죽습니다. 이런 점에서 볼 때, 성막 특히 지성소는 공간 속의 안식일입니다. 안식일은 시간 속의 성막 또는 지성소입니다. 둘 다 거룩하신 하나님의 속성을 대변합니다. 율법은 이렇게 '거룩holiness'이라는 주제로 시간time과 공간space/place을 서로 조화시킵니다.[4]

이러한 이유로 인해 (거룩한 장소인) 성막과 (거룩한 시간인) 안식일은 많은 것들을 공유합니다. 성막이 예배의 집이라면 안식일은 예배의 날입니다. 성막의 제단에는 오직 여호와의 불만이 타오릅니다. 안식일에는 결코 인간에 의해 만들어진 불을 피워서는 안 됩니다. 성막이 완공되자 여호와의 영광의 구름이 성막에 덮이고, 여호와의 불이 그 속에 충만합니다.

이것이 무엇을 의미할까요? **예배의 집**(성막), **예배의 날**(안식일)**에는 오직 여호와의 영광만이 나타나야 한다**는 뜻입니다. 예배의 날에는 인간에 의해 만들어진 그 어떤 것(특히 불)도 금지됩니다. 이는 우상숭배(인간이 고안한 예배)이기 때문입니다. 바로 이러한 이유로, 안식일에 각 처소에 불을 피우지 말라는 율법이 이스라엘의 거짓 예배(우상숭배), 즉 금송아지 배교 사건 이후에 그 단락(출 32장~35:3)의 결론으로 주어집니다.

---

4) 율법은 이런 방식의 유비(analogies)를 매우 자주, 그리고 많이 사용합니다. 하나님과 사람, 천사와 사람, 동물과 식물, 동식물과 사람(육축과 이스라엘, 들짐승과 이방인 등), 거룩한 성소와 거룩한 땅(가나안) 등이 그러합니다.

| 안식일에 나무하는 자를 죽이심

그 후, 이스라엘의 광야생활 중에 안식일에 나무하다 잡힌 사람이 생깁니다. 여기서 "나무하는"이라고 번역된 이 표현은 벌목 행위logging가 아닙니다. 나뭇가지나 조각을 모으는 행위collecting woods를 의미합니다. 이 사람은 안식일에 나뭇조각들을 주워 모으고 있었습니다. 아니나 다를까 하나님께서는 그 사람을 죽이라고 명하십니다.[5] 그 사람은 돌로 쳐 죽임을 당합니다.

> "이스라엘 자손이 광야에 거할 때에 안식일에 어떤 사람이 나무하는 것을 발견한지라32 그 나무하는 자를 발견한 자들이 그를 모세와 아론과 온 회중의 앞으로 끌어왔으나33 어떻게 처치할는지 지시하심을 받지 못한 고로 가두었더니34 여호와께서 모세에게 이르시되 그 사람을 반드시 죽일찌니 온 회중이 진 밖에서 돌로 그를 칠찌니라35 온 회중이 곧 그를 진 밖으로 끌어내고 돌로 그를 쳐 죽여서 여호와께서 모세에게 명하신 대로 하니라36"(민 15:32~36)

사실 구약시대에 안식일을 범했다고 해서 실제로 사람을 처형시킨 예는 이 사건 외에는 잘 나타나지 않습니다. 모세는 안식일에 만나를 거두러 나갔다가 빈손으로 돌아온 사람들을 꾸짖기만 하고 죽이지 않습니다(출 16:22~30). 느헤미야 시대에 일어난 일은 더욱 심각합니다. 안식일에 술틀을 밟고, 곡식단을 나귀에 실어 운반하여 매매행위를 하는 자가 있었습니다. 그런데도 느헤미야는 그들을 처형하는 대신 엄히 꾸짖기만 합니다.

---

5) 민수기 15:35의 "반드시 죽일찌니"는 '죽다(die)'는 뜻을 가진 히브리 동사 '뭍(מות)'의 변형을 두 번 반복하여 사용한 일종의 강조 용법입니다.

"그 때에 내가 본즉 유다에게 어떤 사람이 안식일에 술틀을 밟고 곡식단을 나귀에 실어 운반하며 포도주와 포도와 무화과와 여러 가지 짐을 지고 안식일에 예루살렘에 들어와서 식물을 팔기로 그 날에 내가 경계하였고15 또 두로 사람이 예루살렘에 거하며 물고기와 각양 물건을 가져다가 안식일에 유다 자손에게 예루살렘에서도 팔기로16 내가 유다 모든 귀인을 꾸짖어 이르기를 너희가 어찌 이 악을 행하여 안식일을 범하느냐17 너희 열조가 이같이 행하지 아니하였느냐 그러므로 우리 하나님이 이 모든 재앙으로 우리와 이 성읍에 내리신 것이 아니냐 이제 너희가 오히려 안식일을 범하여 진노가 이스라엘에게 임함이 더욱 심하게 하는도다 하고18 안식일 전 예루살렘 성문이 어두워 갈 때에 내가 명하여 성문을 닫고 안식일이 지나기 전에는 열지 말라 하고 내 종자 두어 사람을 성문마다 세워서 안식일에 아무 짐도 들어오지 못하게 하매19 장사들과 각양 물건 파는 자들이 한두 번 예루살렘 성 밖에서 자므로20 내가 경계하여 이르기를 너희가 어찌하여 성 밑에서 자느냐 다시 이같이 하면 내가 잡으리라 하였더니 그 후부터는 안식일에 저희가 다시 오지 아니하였느니라21 내가 또 레위 사람들을 명하여 몸을 정결케 하고 와서 성문을 지켜서 안식일로 거룩하게 하라 하였느니라 나의 하나님이여 나를 위하여 이 일도 기억하옵시고 주의 큰 은혜대로 나를 아끼시옵소서22"(느 13:15~22)

안식일에 만나가 내리지 않을 것이라고 그렇게 단단히 일렀어도 그 말씀을 믿지 않고 안식일을 범한 자들이 있습니다. 느헤미야 시대에는 아예 안식일에 일을 하고, 매매까지 한 자들이 있습니다. 그런데도 모세와 느헤미야는 그들을 엄히 꾸짖기만 합니다. 그들을 돌로 쳐 죽이지 않습니다.

이런 자들과 비교해볼 때, 안식일에 그냥 나뭇조각 몇 개를 주웠다고

해서 처형을 하다니요? 너무 과한 처벌이 아닐까요? 안식일에 나뭇조각들을 모으는 것이 뭐 그리 큰 범죄일까요? 그것이 뭐 그리 대수일까요?

정답부터 말하자면, 과한 처벌이 아닙니다. 안식일에 나뭇조각들을 모으는 행위가 안식일에 만나를 주우러 간 것보다 더 크고 강력한 범죄이기 때문입니다. 심지어 안식일에 매매 행위를 하는 것보다 더 큰 범죄이기 때문입니다.

안식일에 나뭇조각들을 모으는 것이 왜 그렇게 큰 범죄입니까? 이는 앞에서 우리가 살핀 내용과 관련됩니다. 그 사람이 안식일에 나무를 모은 이유가 무엇이겠습니까? 이유는 단 하나, 불을 피우기 위해서입니다.

안식일은 예배의 날입니다. 예배의 날에는 오직 여호와의 영광의 불만이 활활 타올라야 합니다. 반대로 이 날에는 인간에 의해 만들어진 모든 불이 금지되어야 합니다. 이런 의미에서 볼 때, 나무를 모으는 것 즉 불을 피우려고 한 이 사람의 행위는 우상숭배와 같습니다. 여호와의 불이 아닌 인간의 불을 피우려 했기 때문입니다. 그는 하나님의 총회에서 끊어집니다. 예배의 자리에서 끊어집니다. 그는 바깥 어두움으로 쫓겨나고 하나님 나라의 문이 닫힙니다.[6] 안식일에는, 예배의 날

---

6) 율법이 규정하는 사형(death penalty)은 구약 교회(이스라엘)의 출교(excommunication)입니다. 이 때문에 사도 바울은 레위기 18장과 20장이 규정하는 사형에 해당하는 근친

에는 오직 여호와의 불만이 활활 타올라야 합니다. 모든 관심과 송영doxology이 오직 여호와 하나님께만 드려져야 합니다.

오직 하나님께 영광Soli Deo Gloria!

개혁자 칼빈은 예배 시간에 귀족이 들어올 때, 평민들이 일어나 경의를 표하는 행위를 금지합니다. 예배 시간에 사람을 칭송하는 행위를 금지합니다. 오직 하나님 한 분만이 모든 영광과 존귀를 받으셔야 하기 때문입니다. 그리고 주일에 성도들이 서로 교제하고, 연약한 자들을 돌보는 일을 할 것을 강조합니다. 모든 언약백성들이 다함께 하나님께 나아와야 하고, 다함께 교회를 건설해야 하기 때문입니다. 교회/성도는 선한 일에 열심을 다하는 친 백성이 되도록 부르심을 입었기 때문입니다(딛 2:14; 참고. 엡 2:10).

오늘날 주일과 공예배는 현대 그리스도인들의 마음속에 너무나도 평가절하 되어 있습니다. '주일성수'라는 말이 이제는 마치 율법주의의 낡아빠진 유물처럼 취급됩니다. 예배 속에 사람을 칭송하고 그들의 공적을 치하하는 수많은 프로그램들이 들어오고 있습니다. 오직 하나님께 영광을 돌려드리는 성경적 예배가 회복되어야 합니다.

> "일반적으로 하나님을 예배하기 위해 적정한 비율의 시간을 구별하는 것이 자연적 법칙이거니와, 하나님께서는 자기의 말씀에서 적극적이고 도덕적이며 항구적인 계명으로 모든 시대 모든 사람에게 부과하시사 특별히 칠 일 중에 하루를 안식일로 지정하시고 자기를 위하여 거룩하게 지

상간을 범한 자를 돌로 쳐 죽이는 대신 교회로부터 출교할 것을 명령합니다(고전 5장).

키라고 하셨다. 이날은 창세로부터 그리스도의 부활까지는 한 주간의 마지막 날이었는데, 그리스도의 부활부터는 주간의 첫 날로 바뀌었으며, 성경은 그날을 주일이라 부르며 세상 끝날까지 기독자의 안식일로 계속될 것이다.

이 안식일은 사람이 마음을 합당하게 준비하고 일상 용무를 미리 정돈한 후에, 행동과 말, 세상의 일들과 오락에 관한 생각을 떠나 하루 종일 거룩한 안식을 누릴 뿐만 아니라, 행동과 말과 생각을 종일토록 공사 간에 하나님을 예배하고 부득이한 일과 자비를 베푸는 의무에 몰두함으로, 주님께 거룩하게 지킬 수 있다."(웨스트민스터 신앙고백서 21:7~8)

"문: 제2계명에서 요구하는 것은 무엇입니까?
답: 제2계명에서 요구하는 것은 **하나님께서 그분의 말씀에 정하신 대로** 모든 종교적 경배와 규례를 받아서 준수하고, 순전하고 흠 없이 지키는 것입니다."(소교리 제50문답)

"문: 제2계명에서 금하는 것은 무엇입니까?
답: 제2계명에서 금하는 것은 형상을 가지고 하나님을 경배하거나, **그분의 말씀에 정하지 아니한 다른 방법으로** 경배하는 것입니다."(소교리 제51문답)

참 예배는 인간이 고안한 모든 방식을 제거합니다. 그 대신, 오직 하나님께만 영광을 돌려드립니다.

오직 하나님께 영광Soli Deo Gloria!

1. 출애굽기 제3부(25~40장)의 교차대구 구조(chiasmus)를 말해봅시다.

2. 출애굽기 제3부(25~40장)의 결론부는 각각 어떤 내용을 담고 있습니까?

3. 성막과 안식일은 어떻게 서로 연결되고 조화됩니까?

4. 안식일에 각 처소에 불을 피우는 것이 금지된 이유가 무엇입니까?

5. 제2계명에서 요구하는 바와 금지하는 바가 무엇입니까?(힌트: 소교리 제 50~51문답)

6. **한 걸음 더** 오순절(칠칠절, 즉 안식일의 안식일)에 "불의 혀"(행 2:3)와 같은 성령 께서 임하시자, 새 예배 공동체인 신약 교회가 탄생했습니다. 올바른 성 령 체험은 하나님께서 성경에 계시하신 대로 예배하는 것과 관련되어야 하지 않습니까? 실제로 자신은 그러합니까?

부록 | 성구색인

Our God, Visiting Us in the Public Service

공예배의 원리

1. 예배의 대상은 오직 하나님뿐이십니다[1]

오직 하나님께만 예배해야 합니다. 그래서 그분께만 영광과 찬양과 칭송을 올려드려야 합니다. 예배 중에 사람들을 칭송하고 높이는 어떠한 행위도 해서는 안 됩니다. 이것이 제1계명이 가르치는 핵심 원리입니다(출 20:3; 신 5:7).

2. 예배는 언약적입니다[2]

언약에는 일방적인unilateral 측면이 있습니다. 하나님께서는 아무런 자격 없는 백성들을 아무런 조건 없이, 오직 그분의 주권적인 선택과 사랑으로 불러 예배하는 백성으로 삼으셨습니다. 이는 그분의 값없는 은혜로 주어졌다는 전제 위에서만 예배가 가능함을 보여줍니다. 우리가 아무리 하나님께서 받으시기에 합당하게 예배한다 할지라도 그분의 값없는 은혜를 티끌만큼도 갚을 수 없습니다.

그러나 동시에 언약에는 쌍무적인bilateral 측면이 있습니다. 하나님의 일방적이고도 주권적인 부르심으로 구원 받은 백성들은 하나님께서 주신 은혜를 조금도 갚을 수 없지만, 감사thankfulness할 책임과 사명을 갖고 있습니다. 이는 예배 시간에 하나님께서 아래로 내려주시는 부분

---

1) 웨스트민스터 신앙고백서 21:2; 대교리 제103~106문답; 소교리 제45~48문답.
2) 대한예수교장로회(고신) 예배지침 1:2. (이하 예배지침으로 통일)

(↓)과 인간이 하나님께 올려드리는 부분(↑)을 구성합니다.

3. 오직 언약백성들만이 하나님께 예배할 수 있습니다[3]

예배는 언약백성이 누리는 최고의 특권이자 의무입니다. 엄격히 말하면, 언약의 외인들은 예배의 주체나 참여자가 아닙니다. 그들이 참석을 허락받아 앉아 있다 할지라도 그들은 방청객일 뿐입니다.

4. 예배는 언약백성의 일부가 아니라 전체에게 주어진 의무입니다[4]

이 사실은 예배가 언약백성의 총회Assembly임을 보여줍니다. 하나님께서는 언약백성 전체가 예배하도록 부르셨습니다. 우리는 어린 유아까지도 언약백성임을 기억해야 합니다[창 17:12; 신 29:10~13, 31:9~13; 수 8:32~35; 눅 18:15~17(마 19:13~15; 막 10:13~16); 행 2:39; 고전 7:14; 딤후 3:15]. 이 사실은 유아세례가 성경적임을 보여줍니다. 또한 짝 믿는 가정의 자녀도 언약백성이므로 유아세례를 받아야 합니다(고전 7:13~14).

그러므로 공예배에서 어린이 예배, 어른 예배, 청년 예배라는 형태는 존재할 수 없습니다. 오직 하나님께 드리는 총회로서의 예배가 있을 뿐입니다.

5. 따라서 특정한 시간과 특정한 장소에서의 예배가 필수적입니다[5]

바로 이 때문에 언약 공동체인 교회의 구성원 전체는 특정한 날(주일), 특정한 시각에, 특정한 장소에 함께 모여 예배합니다. 이와는 별개로, 다른 시각이나 장소에서 TV 생중계 예배나 녹화된 예배를 시청하

---

3) 예배지침 1:1.
4) 웨스트민스터 신앙고백서 25:2, 28:4; 대교리 제165~166문답; 소교리 제94~95문답; 하이델베르크 제74문답.
5) 웨스트민스터 신앙고백서 21:6~7, 25:2~3; 예배지침 1:2.

는 것은 예배가 아닙니다. 이뿐 아니라 개인적으로 설교집 원고 읽기, 또는 녹음된 설교 청취 등이 공예배 설교를 대신할 수 없습니다. 설교는 공예배에서 선포되는 바로 그 순간뿐입니다. (단, 심각한 질병이나 입원 등 극한 상황 가운데 성도가 처해 있어서 모든 희생과 열심을 다해도 공예배에 참여할 수 없을 때, 당회가 그를 방문하여 예배하고, 성찬을 시행할 수 있습니다. 이때 여러 성도들이 함께 갈 수 있습니다. 그러나 지혜와 분별 가운데 결정하고 시행해야 합니다.)

6. 하나님께서 친히 예배의 방법과 요소들을 정해주셨습니다[6]

하나님께서는 인간이 고안한 그 어떤 종류의 예배도 받지 않으실 뿐 아니라 이를 가증히 여기십니다. 그분은 예배의 대상이실 뿐 아니라 자신이 기뻐하시는 예배의 창시자이시며 주최자이십니다. 그분은 오직 예수 그리스도의 중보로 그리고 성령의 도우심으로, 그분의 뜻에 따라 드리는 예배를 기쁘게 받으시고, 또 우리에게 은혜를 베풀어주십니다. 하나님께서는 이 예배의 방법과 요소들을 친히 계시해주셨습니다. 특히, 구약 교회에 중보자 모세를 통해 율법에서 성막의 식양과 규례들을 가르쳐주셨습니다. 이뿐 아니라 신약 교회에도 완성된 정경을 통해 그분께 예배해야 할 방법과 요소들을 가르쳐주셨습니다. 새 언약(신약) 시대의 예배가 옛 언약(구약) 시대의 그것보다 외적으로 덜 구체적이고 덜 영광스럽게 보일지라도 그 내용에 있어서는 더 영광스럽고 풍성합니다. 우리가 겸손과 믿음으로 충분한 지각을 사용하면, 하나님께서 성경을 통해 계시하신 예배의 방법과 요소들에 관한 기본 원리를 알 수 있습니다. 하나님께서 정해주신 이 원리를 가리켜 예배의 규정

---

6) 웨스트민스터 신앙고백서 제21장; 대교리 제107~110문답; 소교리 제49~52문답.

적 원리regulative principles라고 합니다. 이것이 제2계명이 가르치는 핵심 원리입니다(출 20:4~6; 신 5:8~10). 그러나 규정적 원록가 아닌 부분에 있어서는 당회가 살펴 정할 수 있습니다.

공예배의 순서와 요소들

전 세계의 보편적 장로교회와 개혁교회는 공예배 순서에 있어서 큰 틀 안에서는 같은 원리를, 세부적으로는 다양성을 보입니다. 이 짧은 글에서 그 모든 내용을 담을 수는 없습니다. 여기서는 필자가 제안하는 공예배의 순서와 요소들을 소개하는 것으로 만족하겠습니다.

| 공예배의 순서

예배가 하나님과 언약 공동체(교회)의 쌍방 간의 연합과 교제이므로 필자가 목회하는 교회의 예배는 다음과 같은 여섯 개의 큰 순서로 진행됩니다.

1. 개회 : 하나님께서 우리를 부르십니다.
2. 죄의 공적 고백 : 하나님께서 우리를 용서하십니다.
3. 말씀의 봉사 : 하나님께서 우리에게 말씀하십니다(듣는 말씀).
4. 성례의 시행 : 하나님께서 우리에게 말씀하십니다(보는 말씀).
5. 자비의 봉사와 기도 : 하나님께서 우리를 돌보십니다.
6. 폐회 : 하나님께서 우리를 보내십니다.

이 여섯 개의 큰 순서 아래 다음과 같은 작은 요소들이 포함됩니다

(물론 장로교회와 개혁교회들마다 조금씩의 차이가 있습니다).

1. 개회 : 하나님께서 우리를 부르십니다.

(↑) 예배로의 부름

(↓) 축복의 인사

(↑) 영광송

(↑) 신앙고백(3대 공교회적 신조 또는 웨스트민스터 신앙고백 문서)[1]

2. 죄의 공적 고백 : 하나님께서 우리를 용서하십니다.

(↑↓)[2] 언약의 말씀(주로 십계명을 사용)

(↑) 죄의 공적 고백

(↓) 사죄의 선포

(↑) 감사의 찬송

3. 말씀의 봉사 : 하나님께서 우리에게 말씀하십니다(듣는 말씀).

(↓) 성경 봉독(구약의 말씀과 신약의 말씀을 공적 봉독)

(↑) 성령의 조명을 위한 기도

(↓) 설교(설교 본문과 설교)

(↑) 아멘 화답송

---

1) 필자가 목회하는 교회에서는 성찬을 매주 시행하는데 한 주는 오전예배 시에, 다른 한 주는 오후예배 시에 시행합니다. 두 예배 중 성찬이 있는 예배에서는 신앙고백이 성찬 순서 중에 있습니다.

2) 사실 언약의 말씀은 하나님께서 일방적으로 주셨다는 측면에서 아래로 화살표를 하는 것이 마땅합니다. 이렇게 본다면, 예배 인도자가 십계명 전체를 봉독하는 것이 적절합니다. 그러나 동시에 십계명은 하나님께서 주신 언약의 말씀일 뿐 아니라 이스라엘 백성들이 서약과 맹세로 고백한 말씀이기도 합니다. 따라서 아래뿐 아니라 위쪽으로의 화살표도 가능합니다. 이렇게 본다면, 인도자와 회중이 십계명을 교독하는 것도 합당합니다.

4. 성례의 시행 : 하나님께서 우리에게 말씀하십니다(보는 말씀).

(↕) 세례(필요시)

(↕) 성찬

(↓) 성찬으로의 초대

(↑) 신앙고백(3대 공교회적 신조 중에서)[3]

(↑) 우리의 마음을 드높이 Sursum Corda

(↑) 송영(주로 삼위일체 하나님을 높이는 찬송)

(↓) 성찬 제정의 말씀/ 위로와 경고

(↑) 구제를 위한 연보(수찬자만)

(↑) 감사의 기도

(↓) 분병

(↓) 분잔

(↑) 기도

5. 자비의 봉사와 기도 : 하나님께서 우리를 돌보십니다

(↑) 헌신의 찬송

(↑) 연보

(↑) 목회의 기도

6. 폐회 : 하나님께서 우리를 보내십니다

(↑) 송영(주기도문을 곡조와 함께 또는 곡조 없이)

(↓) 복의 선포(주로 민 6:24~26 또는 고후 13:13)

---

3) 부록 2의 각주 1)을 참고하십시오.

| 공예배의 요소

예배로의 부름

삼위 하나님께서 우리를 예배로 부르심에 의지하여 회중(또는 대표로 인도자)이 하나님을 부르며 나아가는 순서입니다.

축복의 인사

삼위 하나님께서 예배에 참석한 언약백성에게 주시는 복된 인사입니다. 하나님께서는 당신께 나아오는 자를 맞아주십니다.

영광송

회중은 이 큰 예배의 잔치에 초대해주시고, 환영해주시는 하나님께 찬송을 통해 영광과 칭송을 올려드립니다.

신앙고백

언약백성은 삼위 하나님에 대한 바른 지식에 기초한 믿음을 고백해야 합니다. 이에 대해서는 초대교회의 3대 공교회적 신조(사도신조, 니케아신조, 아타나시우스신조)와 웨스트민스터 신앙고백 문서들(신앙고백서, 대교리문답, 소교리문답)에 잘 나타나 있습니다.

언약의 말씀

하나님께서는 일방적unilateral인 은혜와 사랑으로 구원해주셨지만, 동시에 그 백성들과 쌍방으로bilateral 언약을 체결하셨습니다. 이는 십계명에 잘 나타나 있습니다. 이 언약의 말씀을 통해 예배가 언약이 갱신되는 현장임이 드러납니다. 회중은 이 율법의 말씀 앞에서 자신의 연약함을 돌아봅니다. 이는 개인뿐 아니라 공동체 전체로서도 그러합니다.

죄의 공적 고백

단번에once-for-all 자신을 대속의 희생 제물로 드리신 예수 그리스도
안에서 이미 (법적으로) 사죄를 받은 자들이지만, 죄의 본성을 여전
히 지닌 자들로서 회중은 하나님 앞에 자신들의 죄를 자복합니다(요
13:8~10; 요일 1:9~10). 이 역시 개인뿐 아니라 공동체 전체로서도 그러
합니다. 온 회중은 공동 기도문을 통해 한 목소리로 겸손히 회개합니
다. 그러나 동시에 예수 그리스도의 은혜와 공로에 의지하여 담대히
나아갑니다.

사죄의 선포

하나님께서는 유일하신 중보자 예수 그리스도로 인해 이 회중을 용서
하신다는 은혜의 선포를 하십니다.

감사의 찬송

이를 통해 회중은 예수 그리스도께서 단번에once-for-all 자신을 대속의
희생 제물로 드리셨을 뿐 아니라 언제나 우리를 중보하고 계신다는 사
실(롬 8:34; 히 4:14~16; 요일 2:1)을 깊이 깨닫고 감사의 찬송을 하나님께
올려드립니다.

성경 봉독

이는 설교 본문의 봉독이 아니라 성경을 회중에게 봉독하는 순서입니
다. 하나님께서는 신자 개인에게도 성경을 읽고 묵상하는 특권과 의
무를 주셨지만, 가장 우선적으로 성경은 교회 전체에게 주어졌습니
다. 이는 성경 역사(출 24:3~4,7~8; 신 17:18~20, 27:1,9,14; 느 8:1~18; 눅
4:16~19; 행 13:13~15,27, 15:21; 골 4:16; 살전 5:27; 딤전 4:13; 계 1:3)와 교

회사 가운데 계속 시행되었습니다. 회중은 예배 시간에 선포되는 구약의 말씀과 신약의 말씀을 귀 기울여 들어야 합니다.

성령의 조명을 위한 기도

성경의 원저자이며, 유일하신 해석자는 하나님의 영이요 예수 그리스도의 영이신 성령님이십니다. 회중은 성령님께서 그 말씀을 조명illumination해주셔야 성경을 깨달을 수 있음을 믿음으로 믿고 그분의 도우심을 의뢰해야 합니다.[4]

설교

설교는 하나님께서 언약백성에게 주시는 말씀의 현장이므로 예배의 가장 중요한 요소입니다. 설교는 믿음을 강화할 뿐 아니라 생성시키는 방편이기 때문입니다.

설교는 가르치는 장로인 목사의 주된 봉사 중 하나입니다.[5] 목사는 성경에 따른 순수한 복음의 교리를 설교하기 위해 최선을 다해야 합니다.[6] 이를 위해 성경을 묵상하고 연구하며, 때를 얻든지 못 얻든지 준비에 힘써야 합니다(딤후 4:2). 설교에는 교리와 책망과 교정과 의(義)의 교육이 나타나야 합니다(딤후 3:16). 이를 위해 하나님 앞에서 겸손함과, 사람들 앞에서 온유함과 담대함으로 언약적 설교를 해야 합니다. 설교자가 성경 본문을 읽고 설교할 때, 회중은 겸손과 사모하는 마음으로 경청해야 합니다.[7] 하나님께서 인간 설교자를 통해 회중에게 말씀하심으로 과거에 기록된 말씀이 끊임없이 현재화되며, 예배는 말씀

---

4) 웨스트민스터 신앙고백서 1:5,6,10.
5) 대교리 제158문답.
6) 대교리 제159문답.
7) 웨스트민스터 신앙고백서 21:5; 대교리 제160문답.

이 적용되는 첫 번째 현장이 됩니다. 이를 위해 목사는 말씀을 연구하고, 전하는 일에 전념하여(딤전 4:13) 자신의 진보가 모든 회중에게 나타나도록 해야 합니다(딤전 4:15).

아멘 화답송

설교를 통해 값없는 은혜의 복음을 주신 하나님의 은혜에 대하여 회중은 찬송으로 화답합니다.

성례의 시행

설교가 "귀로 듣는 말씀"이라면, 성례는 "눈으로 보는 말씀"입니다. 설교와 성례는 (권징과 함께) 참 교회의 표지가 됩니다. 또한 설교와 성례는 (기도와 함께) 은혜의 방편이 됩니다. 설교와 성례의 차이가 있다면, 성례는 믿음을 생성시키지는 못하고 오직 강화시키는 방편이라는 점입니다.[8]

"성례는 은혜언약의 거룩한 표와 인(印)"인데, "교회에 속한 자들과 세상에 속한 나머지 사람들 사이에 있는 차이를 가시적으로 나타냅니다."[9] 신약의 성례는 예수 그리스도께서 직접 제정하셨는데, 세례와 성찬 이 두 가지뿐입니다. 그러나 "구약의 성례도 그것이 표상하고 나타내는 영적인 내용에 있어서는 신약의 성례와 실체적으로 동일합니다."[10] 이 성례는 오직 "합법적으로 임직 받은 말씀의 사역자(목사)만 베풀 수 있습니다."[11] "성례는 그 자체나 그것을 시행하는 자의 덕이 아니라 오직 그리스도의 축복하심과 또 믿음으로 성례를 받는 자 속에 역

---

8) 대교리 제155,162문답.
9) 웨스트민스터 신앙고백서 27:1.
10) 웨스트민스터 신앙고백서 27:5.
11) 웨스트민스터 신앙고백서 27:4; 대교리 제176문답.

사하는 그분의 영의 역사로 말미암아 구원의 효력 있는 방편이 됩니
다."[12]

세례

언약백성은 마땅히 그 표와 인(印)을 가져야 하므로 필히 세례를 받아
야 합니다. 그러나 세례 그 자체가 중생이나 구원을 보장해주지는 않
습니다.[13]

세례는 다음과 같이 시행합니다.[14]
　① 합법적으로 소명을 받은 복음의 사역자(목사)가
　② 물을 붓거나 뿌려서
　③ 성부와 성자와 성령, 즉 삼위일체 하나님의 이름으로 베풉니다.

세례를 받는 대상은 다음과 같습니다.[15]
　① 성인세례Adult Baptism : 그리스도를 믿는 믿음과 그분에게 순종을
　　실제로 고백하는 자
　② 세례 또는 유아세례Baptism or Paedo-baptism : 부모 한쪽 또는 양쪽
　　모두 신자인 유아

성찬 Lord's Supper

눈으로 보고 먹는 말씀인 성찬은 듣는 말씀인 설교와 함께 예배의 가
장 중요한 요소입니다. 교회는 예수 그리스도의 몸이지만, 동시에 부

---

12) 소교리 제91문답.
13) 웨스트민스터 신앙고백서 28:5.
14) 웨스트민스터 신앙고백서 28:2~3.
15) 웨스트민스터 신앙고백서 28:4.

활하신 그리스도의 물리적인 몸은 하늘에 있습니다. 그러나 교회는 그리스도와 떨어져 있지 않으며, 성령 안에서 그분과 굳게 연합되어 있는데, 이를 '그리스도와의 연합Union with Christ'이라 부릅니다. 그리스도께서는 그의 몸을 상징하는 성찬을 통해 교회가 이 연합을 확인하는 은혜를 주십니다. 즉, 상징적인 몸(성찬)을 통해 물리적인 몸을 가지신 그리스도와 공동체적 몸인 교회가 연합을 확인합니다. 교회가 합당하고 올바른 성찬을 시행할 때, 하늘에 계신 그리스도께서는 그분의 이름으로 보내신 성령을 통해 교회에게 찾아오셔서 연합하시며, 실제적인 은혜를 베풀어주십니다. 성찬 시 떡과 잔은 그리스도의 몸과 피로 바뀌는 것이 아니라 상징하지만symbolic, 그 은혜는 실제적realistic입니다.[16] 성찬을 통해 성령 하나님의 사역으로 그리스도께서 찾아오시며 동시에 교회는 그리스도께로 고양되어 참으로 하늘에 앉아 있음(엡 2:6)을 확인합니다. 교회는 이 떡과 잔을 통해 그리스도와 연합할 뿐 아니라 한 떡과 동일한 잔에 참여함으로써 다른 성도들과도 하나 됨을 누립니다.[17]

이 성찬에는 오직 신앙을 확고히 고백한 자(유아세례 후 입교자 또는 성인 세례를 받은 자)만이 참여할 수 있습니다. 믿음이 매우 약한 사람이라도 "만약 그가 그런 결핍에 대해서 매우 우려하여 그리스도 안에서 발견되고 악에서 떠나기를 진실하게 원한다면, 하나님께서 보시기에 그는 준비가 된 것입니다. 그럴 경우, (약하고 의심하는 그리스도인들을 위해서도 약속은 주어지고 성례는 제정된 것이기에) 그는 자신의 불신앙을 애통해하고 의심을 해소하도록 노력해야 합니다. 그렇게 하면서 그는 더욱더 강건해지기 위해서 성찬에 참여할 수 있으며, 반드시 참여

---

16) 웨스트민스터 신앙고백서 29:7; 대교리 제170문답; 소교리 제96문답.
17) 웨스트민스터 신앙고백서 29:1; 대교리 제168,171문답.

해야 합니다."[18]

"비록 믿음을 고백하고 성찬에 참여하기를 원한다 할지라도, 무지하며 수치스러운 일이 드러난 이들은, 그들이 가르침을 받아 변화되기까지 그리스도께서 그분의 교회에 맡기신 권세로 성찬을 못 받게 할 수 있으며, 또한 못 받게 해야 합니다."[19] 이를 위해 장로들은 부지런히 성도들을 방문하고 교정하며 지도해야 합니다.

헌신의 찬송

우리는 자신을 온전히 선물로 주신 삼위 하나님께 우리 자신이 하나님의 것임을 고백하며, 그분께 찬송을 올려드립니다.

연보

우리 자신을 삼위 하나님께 드리는 모습 중 하나는 그분께서 청지기인 우리에게 맡겨주신 것을 예배 시간에 신앙고백과 함께 드리는 것입니다. 이를 위해 회중은 마땅히 연보를 미리 준비해야 합니다. 성도들은 연보를 준비하고 드릴 때, 신앙고백과 참된 감사와 이웃에 대한 사랑을 가져야 합니다. 공로주의, 외식과 자기 과시 또는 눈속임이나 인색함이 없어야 하며, 2~4계명과 8계명의 원리를 기억해야 합니다.

이렇게 드린 연보는 평균케 하는 원리를 위해 사용됩니다. 목회자의 생활과 연구를 위해, 교인들의 구제를 위해, 교회가 해야 할 영적인 일들을 위해, 심지어 교회 밖의 선교와 구제와 자선을 위해서도 사용됨이 마땅합니다. 이를 위해 집사들의 봉사가 필요합니다. 집사들은 지혜롭고 분별 있게 이를 관리해야 하며, 이와 관련하여 성도들을 바르

---

18) 대교리 제172문답.
19) 대교리 제173문답.

게 지도해야 합니다. 이로써 눈에 보이지 않으시는 하나님께서는 그분의 은혜를 눈에 보이는 물질을 통해 흘러가게 하십니다.

목회의 기도

교회는 하늘에 계신 그리스도께서 이 세상에 설립하신 유일한 구원의 기관[20]으로서 하나님의 나라와 의를 위해 필요한 것들을 하나님께 아룁니다. 하나님께서 만사를 움직여 구속사를 주도하심을 믿음으로, 구속사의 중심인 교회의 각종 필요를 위해 기도할 뿐 아니라 구속사의 배경인 세상을 위해서도 기도합니다. 기도가 믿음의 최상의 실천이므로, 교회는 하나님의 약속을 따라 믿고 기도할 뿐 아니라 하나님께서 우리의 기도를 들으시고 구속사를 이루어나가실 것을 기대해야 합니다. 당회는 이 목회의 기도가 즉흥적인 것이 되지 않도록 그 기도제목을 미리 준비해야 합니다. 그러면 성도들 역시 목회의 기도를 가정과 개인의 현장으로 가져가 함께 기도할 것입니다.[21]

목회의 기도뿐 아니라 예배 중의 모든 기도는 "성자의 이름으로, 그분의 성령의 도우심으로, 그분의 뜻을 따라, 총명과 공경과 겸손과 열심과 믿음과 사랑과 인내로써 하되, 알아들을 수 있는 언어로 드려야" 합니다.[22] 오늘날 소위 '방언기도'라는 명목 하에 알아들을 수 없는 소리로 공예배 시간에 기도하는 행위는 성경의 원리에 맞지도 않을 뿐 아니라(고전 12~14장) 보편교회의 역사에도 배치됩니다.[23]

---

20) 웨스트민스터 신앙고백서 25:2.
21) 이를 위해 필자가 목회하는 교회는 목회의 기도에서 아뢰는 기도 제목들을 주보에 공지합니다.
22) 웨스트민스터 신앙고백서 21:3.
23) 이에 대한 보다 상세한 성경 주해와 설명으로는 권기현, 『방언이란 무엇인가: 방언에 대한 다섯 가지 질문과 구속사적·교회론적·예배론적 이해』, (경산: R&F, 2016)을 참고하십시오.

송영

"사람의 첫째 되는 목적은 하나님을 영화롭게 하고, 그분을 영원토록 즐거워하는 것입니다."[24] 이는 삼위 하나님을 향한 송영doxology이야말로 교회가 해야 할 최고의 목적임을 보여줍니다. 그러므로 예배의 끝부분에 와서 삼위 하나님께 송영을 올려드리는 것은 지당합니다.

복의 선포

목사는 삼위 하나님께로부터 오는 복을 (자신의 권위가 아니라) 하나님의 권위로 선포합니다. 그러므로 복의 선포는 회중이 하나님께 올려드리는 것이 아니라 하나님께서 목사를 통해 회중에게 내려주시는 은혜입니다. 복의 선포에는 복의 내용만이 선포되나 언약은 언제나 양면성을 지니고 있습니다. 하나님의 말씀을 믿고 순종하는 이에게는 복이 약속되나, 믿지 않고 불순종하는 자에게는 이 복이 주어지지 않습니다. 목사가 두 손을 드는 행위는 그 자체에 효력이 있기 때문이 아니라 회중이 눈을 떠서 이를 보고 하나님의 약속(복과 저주, 생명과 사망, 구원과 심판, 위로와 경고)을 상기하기 위해서입니다. 이 복은 언약백성 모두에게 그리고 오직 언약백성에게만 주어지기 때문에, 목사는 참석하여 설교를 들은 회중을 대상으로 그리고 성경 말씀에 기록한 대로 이 복을 선포합니다.

---

24) 소교리 제1문답.

공예배의 준비와 이후 관리

공예배를 바르게 시행하는 것뿐 아니라 그 전의 준비와 이후의 관리 역시 중요합니다.

| 공예배의 준비

공예배의 준비에는 하나님 편에서의 준비와 사람 편에서의 준비가 있습니다.

1. 하나님 편에서의 준비

예배라는 잔치를 배설하시고, 또 초청하시는 분은 하나님이십니다(마 22:1~14; 눅 14:16~24). 그러니 하나님께서 이 잔치를 준비하십니다.

주인이신 하나님께서는 이 잔치에 참석할 손님들에게 음식을 만들라고 하거나 다른 잔심부름을 시키지 않습니다. 초청받은 손님들은 일을 할 생각보다는 이 잔치에 즐겁게 참여하고, 그것을 충만히 누리는데 자신의 우선적인 관심을 두어야 합니다. 주인은 그 종들을 시켜 이 잔치를 준비하게 하십니다. 이때 종들은 교회의 직분자들입니다. 교회의 직분들은 예배를 위해 존재합니다.

목사(가르치는 장로, reverend/minister/teaching elder)는 음식을 준비하고 나누어주는 일을 담당합니다. 목사의 설교는 이 잔치에 참석하는 자들을 위한 영양가 있는 음식입니다.

(다스리는) 장로들ruling elders은 초청받은 자들이 약속을 지키도록 독려하고 경고해야 합니다. 장로들의 회(會)인 당회session/consistory는 이 잔치에 참석할 자들과 참석하지 못할 자들을 구별하여 누가 성찬에 참여할지를 미리 결정해야 합니다. 이 모든 일을 위해 심방이 필요하며, 성찬을 위한 사전 회의(심사)가 필요합니다.

집사는 물질의 형편이 어려워 이 잔치에 참여하기 힘들거나 또는 낙심, 핍박 등 여러 가지 이유로 잔치의 즐거움을 충분히 누리지 못하는 자들을 독려합니다. 어떤 경우에는 물질의 풍요로움과 안이함이 이 잔치의 가치를 약화시킬 위험도 있으므로 집사의 관심은 물질적으로 궁핍한 자들뿐 아니라 그 반대에 있는 자들에게도 향해야 합니다. 집사는 장로와 함께 그런 자들을 경고하고 지도하는 역할도 해야 합니다. 집사는 이를 통해 교회를 탐욕과 궁핍으로부터 지키고 보호합니다. 나아가 영적, 물질적 필요를 채움으로 교회를 성숙시키고 확장합니다.

그러니 공예배라는 잔치는 주일에 배설되나, 이 잔치를 위해 이 잔치 이전부터 종들은 매우 부지런히 일합니다. 그들이 이 일을 게을리 할 때 주인으로부터 책망을 받으며, 어떤 때는 파면(면직)됩니다. 따라서 목사와 장로와 집사는 이 잔치를 위해 그리고 이 잔치를 목표로 부지런히 일해야 합니다. 이런 의미에서 볼 때, 실제적인 봉사가 없는 공로 직분과 명예 직분이란 존재할 수 없습니다.

목사의 설교 계획은 오래 전부터 세워져 있어야 하며, 설교 준비는 이미 월요일부터 – 또는 그 이전부터 – 시작되어야 합니다. 이 음식의 재료는 성경입니다. 때로 음식을 급하게 준비해도 영양가가 있고 맛있을 때도 있습니다. 그러나 항상 그렇게 될 것을 기대하는 것은 심각한 착각이며, 자신이 악하고 게으른 종이라는 사실을 스스로 입증하는 길이 됩니다. 목사는 설교 준비를 위해 평상시에 항상 성경 연구에 힘써서 기본적인 요리 실력을 배양해야 합니다. 그리고 교회가 어떤 영양분을 필요로 하는지를 알기 위해 (다스리는) 장로들과 함께 끊임없이 교회의 영적 상태를 살펴야 합니다.

"내가 이를 때까지 읽는 것과 권하는 것과 가르치는 것에 착념하라13 네 속에 있는 은사 곧 장로의 회에서 안수 받을 때에 예언으로 말미암아 받은 것을 조심 없이 말며14 이 모든 일에 전심전력하여 너의 진보를 모든 사람에게 나타나게 하라15 네가 네 자신과 가르침을 삼가 이 일을 계속하라 이것을 행함으로 네 자신과 네게 듣는 자를 구원하리라16"(딤전 4:13~16)

2. 사람 편에서의 준비

하나님 편에서의 준비가 우선이지만, 사람 편에서도 준비가 필요합니다. 할 수 있다면, 당회는 목사의 설교 본문과 주제를 주일 이전에 미리 성도들에게 알려 가정별로 함께 읽고 묵상하여 기대하는 마음으로 참석하도록 독려하는 것이 좋습니다. 당회가 예배 순서 속의 찬송을 미리 알려주어 성도들이 미리 그 가사를 음미하고 오도록 독려하는 것도 권장할 만합니다.

예배를 사모하는 마음은 필수적입니다. 초청에 응하지 않는 자뿐 아니라 예복을 준비하지 않는 자 역시 이 잔치에서 쫓겨납니다.

예배, 특히 설교 시간에 경청하는 자세 역시 필수적입니다. 이뿐 아니라 모든 순서 하나하나에 집중해야 합니다. 가정의 (신앙의) 가장은 자신뿐 아니라 가정 전체가 예배를 준비하도록 인도하고 감독할 책임이 있습니다. 어린아이들도 언약백성이라는 사실을 기억해야 합니다.

설교가 어렵다고 투덜대기만 할 것이 아니라 부모의 인도를 따라 미리 주일 설교 본문을 읽고 찬송을 불러보고 오면 설교를 이해하고 예배에 집중하는데 도움이 됩니다.

| 공예배 후의 관리

공예배 후의 관리는 교회, 각 가정, 그리고 개인이 해야 할 일로 나누어집니다.

1. 교회가 해야 할 일

예배 후에 당회는 심방을 통해 성도들의 설교에 대한 이해와 실천을 확인하며, 또한 지도, 감독해야 합니다. 그리고 집사들은 이에 따라 성도들을 독려해야 합니다.

2. 각 가정이 해야 할 일

각 가정의 부모들, 특히 신앙의 가장들은 같은 원리 위에서 자신의 가정 구성원들을 지도, 감독할 책임을 갖고 있습니다. 그들은 교회의 공적 직분자들은 아니지만, 교회의 근본 단위요 확장인 가정의 책임자들이기 때문입니다. 그래서 각각의 성도가 예배 때 받은 말씀을 세상으로 가져가는 왕 같은 제사장들인 것과 마찬가지로, 부모(특히 가장)는 교회에서 받은 말씀을 각 가정으로 가져가는 왕, 제사장, 선지자가 됩니다. 가정 경건회 그리고 가정에서의 훈육과 대화를 통해, 부모(특히 가장)는 주일예배 때 경청한 복음의 말씀이 자신의 가정 구성원들에게 잘 심기고 뿌리를 박고 있는지 끊임없이 확인해야 합니다.

3. 개인이 해야 할 일

한국 교회의 성도 중 상당수는 불신 가정에서 출석합니다. 이 때문에 개인이 해야 할 일은 더욱 막중합니다. 각각의 성도는 주중에 설교를 항상 되새기며 적용하는 삶을 살아야 합니다. 그리고 의문이 있을 때에는 직분자에게 문의하여 지도와 감독을 받는 습관을 가져야 합니다.

이뿐 아니라 성도들 간의 교제 역시 각각의 성도들을 연결하고 회복하는 진리와 사랑의 끈과 같습니다. 성도들은 선포된 설교의 원리에 따라, 그리고 복음 안에서 서로 깊이 교제해야 하며, 다른 성도들의 범죄에 대해 상호책선 할 책임을 갖고 있습니다(레 19:17~18; 마 18:15~20).[1]

"너는 네 형제를 마음으로 미워하지 말며 이웃을 인하여 죄를 당치 않도록 그를 반드시 책선하라17 원수를 갚지 말며 동포를 원망하지 말며 이웃 사랑하기를 네 몸과 같이 하라 나는 여호와니라18"(레 19:17~18)

"네 형제가 죄를 범하거든 가서 너와 그 사람과만 상대하여 권고하라 만일 들으면 네가 네 형제를 얻은 것이요15 만일 듣지 않거든 한 두 사람을 데리고 가서 두 세 증인의 입으로 말마다 증참케 하라16 만일 그들의 말도 듣지 않거든 교회에 말하고 교회의 말도 듣지 않거든 이방인과 세리와 같이 여기라17 진실로 너희에게 이르노니 무엇이든지 너희가 땅에서 매면 하늘에서도 매일 것이요 무엇이든지 땅에서 풀면 하늘에서도 풀리리라18 진실로 다시 너희에게 이르노니 너희 중에 두 사람이 땅에서 합심하여 무엇이든지 구하면 하늘에 계신 내 아버지께서 저희를 위하여 이루

---

1) 웨스트민스터 신앙고백서 제26장; 하이델베르크 제85문답.

게 하시리라[19] 두 세 사람이 내 이름으로 모인 곳에는 나도 그들 중에 있느니라[20]"(마 18:15~20)

"문: 교회의 권징을 통해서 어떻게 천국이 닫히고 열립니까?

답: 그리스도의 명령에 따라, 그리스도인의 이름을 가진 자가 교리나 생활에서 그리스도인답지 않을 경우, 먼저 형제로서 거듭 권고할 것입니다. 그렇지만 자신의 오류나 악행에서 돌이키기를 거부한다면, 그 사실을 교회 곧 치리회에 보고해야 합니다. 그들이 교회의 권고를 듣고도 돌이키지 않으면, 성례에 참여함을 금하여 성도의 사귐 밖에 두어야 하며, 하나님께서도 친히 그들을 그리스도의 나라에서 제외시킬 것입니다. 그러나 그들이 참으로 돌이키기를 약속하고 증명한다면, 그들을 그리스도의 지체와 교회의 회원으로 다시 받아들입니다."[2]

---

2) 하이델베르크 제85문답.

40:33~35	93		12:21	142		9:7	46
40:34~38	153		12:21~22	88		9:21	46
40:35	154		14:23~24	142		9:23	46
			16:2	88, 142		9:27	46
레위기			16:6	88		11:19	46
10:1~2	37		16:6~7	142		18:1	88
10:6이하	37		16:10~14	51			
18장	158		16:11	88, 142		**사사기**	
19:17~18	105, 184		16:16~17	88		2:6~15	76
20장	158		17:18~20	172		18:31	88
25:23	67		26:2	142			
			27:1	172		**열왕기상**	
민수기			27:9	172		6:1	89
3:2~4	37		27:14	172		6:38	89
6:24~26	170		29:10~11	45, 46		8:22~54	89
15:32~36	156		29:10~13	45, 49, 165		8:29~30	89
15:35	156		29:11	46, 47		8:46~50	91
			29:11~13	47		11:36	88
신명기			31:9~13	165		13:1~5	131
4:24	154					16:31	142
5:7	164		**여호수아**			16:31~33	142
5:8~10	167		6:26	142		16:34	142
5:11	141		7장	56		18:10~17	135
12:5	88, 142		8:32~35	165		19:1~2	136
12:11	88, 142		9장	46		19:10	136, 137